ALESSANDRA LATINO   MARIDA

1, 2, 3...
Italiano!

Corso comunicativo
di lingua italiana per stranieri

Volume 1

EDITORE ULRICO HOEPLI MILANO

www.hoepli.it

Tutti i diritti sono riservati a norma di legge
e a norma delle convenzioni internazionali

ISBN: 978-88-203-3660-8

Ristampa:

4   3   2   1   0   2007   2008   2009   2010   2011

Copertina realizzata da MN&CG S.r.l., Milano

Realizzazione editoriale: Thèsis Contents S.r.l., Firenze-Milano
Progetto grafico: Lara D'Onofrio
Disegni: Sauro Ciantini
Redazione: Marisa Crussi
Impaginazione: Paola Lagomarsino

Stampato da Arti Grafiche Franco Battaia S.r.l., Zibido San Giacomo (Milano)

Printed in Italy

Indice

Tracce del CD-Audio

unità 1

Saluti e presentazioni

Per cominciare

 **1** Ascoltate i saluti.

2 In coppia. Ripetete i saluti.

3 Drill. Rispondete a turno con un saluto.

ESEMPIO
A: Ciao!
B: Ciao, a presto!

4 L'alfabeto italiano. Ascoltate la pronuncia.

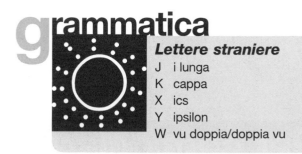

grammatica

Lettere straniere

J i lunga
K cappa
X ics
Y ipsilon
W vu doppia/doppia vu

A B C D E F G H I L M N O P Q R S T U V Z

5 In coppia. "Come, scusa?". Dite un nome e chiedete di ripetere.

Ciao,
sono Ghyslaine.

Come scusa?
Non ho capito.

G. H. Y. S. L. A. I. N. E.

Buongiorno, sono la
Signora Mezzofanti.

Come scusi?
Non ho capito.

M. E. Z. Z. O. F. A. N. T. I.

pronuncia

Come, scusa?

Nonhocapito

6 **Leggete i dialoghi.**

Ciao, come stai?

Bene, grazie, e tu?

Buonasera signora, come sta?

Bene, grazie, e Lei?

Buongiorno, signor Bianchi, come va?

Eh, così così...

Ciao, come va?

Non c'è male, e tu?

A presto!

Arrivederci, signora!

Ciao, ci vediamo!

Sì, a presto!

attenzione!

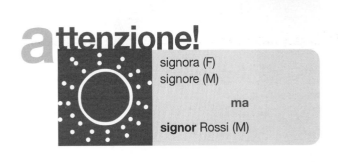

signora (F)
signore (M)

ma

signor Rossi (M)

7 **"Come stai?" o "Come sta?". Decidete qual è la situazione giusta.**

a. "Come stai?"   b. "Come sta?"

1. ▨   2. ▨   3. ▨   4. ▨   5. ▨   6. ▨

tu	Lei	tu/Lei
(informale)	(formale)	
Ciao!	Buon giorno.	
	Buona sera.	
Come stai?	Come sta?	Come va?
Ci vediamo.	Arrivederci.	A presto.
Scusa.	Scusi.	Non ho capito.

8 Drill. "Tu" o "Lei"? Rispondete a turno al saluto.

ESEMPIO

A: Buongiorno, come sta?

B: Bene, e Lei?

9 "Io sono…". Osservate la nazionalità.

10 Drill. "E tu?", "E Lei?". A turno fate le domande e ripondete.

ESEMPI

A: Io sono Penelope, e tu?

B: Io sono Fernando.

A: Io sono la signora Cruz, e Lei?

B: Io sono il signor Alonso.

11 In coppia. Trovate la nazionalità.

Paese	Nazionalità
1 Russia	
2 Germania	
3 Francia	
4 Turchia	
5 America	
6 Australia	
7 Egitto	
8 Giappone	
9 Brasile	
10 Inghilterra	

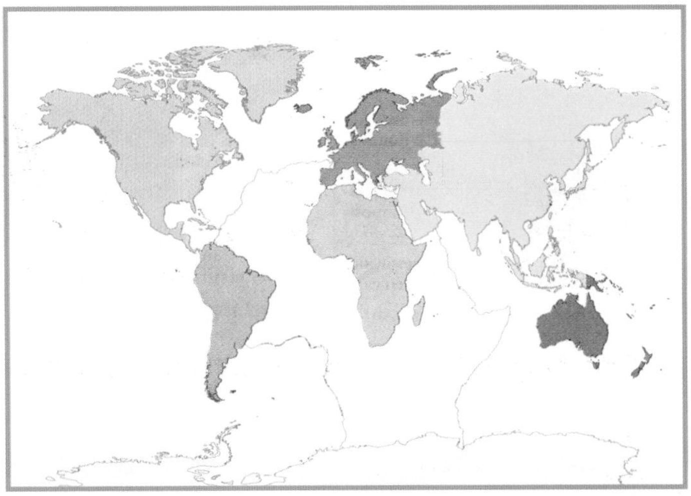

grammatica

M	F
spagnolo	spagnola

inglese

Io sono
David Beckham.
Sono inglese.

Io sono
Victoria Beckham.
Sono inglese.

12 Drill. "E tu?", "E Lei?". A turno fate le domande e rispondete.

ESEMPIO
A: Io sono spagnola, e tu? (e Lei?)
B: Io sono giapponese.

13 Drill. "Sei italiano?". Osservate il dialogo.

Sei italiano?

No, non sono italiano,
sono spagnolo.
E tu?

attenzione!

Io sono spagnola, e **tu**? / e **Lei**?

MA

Sono italiana.
Sei italiano? No, sono spagnolo.

14 In coppia. Ripetete il dialogo con altre nazionalità.

5

15 Drill. "È italiano?". Osservate il dialogo.

16 In coppia. "Sei" o "È"? Formate dialoghi con "tu" o "Lei" secondo gli esempi.

ESEMPIO 1
A: Sei cinese?
B: No, non sono cinese, sono giapponese.

ESEMPIO 2
A: È cinese?
B: No, non sono cinese, sono giapponese.

grammatica

Essere
io	**sono**
tu	**sei**
Lei	**è**

17 In coppia. Formate dialoghi con "tu" e "Lei" per salutare e chiedere la nazionalità.

18 Completate le frasi con gli elementi dati.

1. Mi chiamo ....

2. Sono .... , di ....

3. Abito a ....

19 **Trovate le differenze fra "tu" e "Lei".**

	tu	*Lei*
abitare	abiti	abita
fare	fai	fa
stare	stai	sta

pronuncia

Come ti chiami?
Di dove sei?
Dove abiti?

	tu		Lei	
Come		?		?
Dove		?		?
Di dove		?		?

20 In coppia. Salutate e chiedete informazioni su nome, città, nazionalità.

21 "Sono infermiere". Abbinate le parole alle immagini.

1. ▢ infermiere/a
2. ▢ medico (dottore)
3. ▢ impiegato/a
4. ▢ insegnante
5. ▢ avvocato
6. ▢ segretaria

7. ▢ ingegnere
8. ▢ commesso/a
9. ▢ casalinga
10. ▢ consulente
11. ▢ cameriere/a

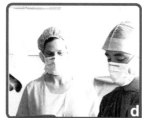

22 Drill. "Che cosa fai?", "Che cosa fa?". Rispondete con un lavoro.

ESEMPI

(tu)
A: Che cosa **fai**?   B: Sono medico.

(Lei)
A: Che cosa **fa**?   B: Sono medico.

23 "Tre presentazioni". Completate le informazioni in base all'ascolto.

	Nome	Nazionalità	Città	Lavoro
1ª persona				
2ª persona				
3ª persona				

24 Completate le frasi con le parole dell'ascolto precedente.

1. .... a tutti! .... Anne Morgan, sono .... ma abito .... Francoforte per lavoro. Sono .... di banca.

2. Buonasera, ... il dottor Marco Facchetti, dell'ospedale Sacro Cuore .... Parma.

3. Mio marito è ...., ma io sono .... Sydney, in .... non lavoro, faccio la ....

25 "Sonja, ti presento Marco". Scegliete la scheda di Sonja fra 1, 2, 3 in base alla conversazione.

nazionalità:	francese
professione:	commessa
città:	Milano

1

nazionalità:	egiziana
professione:	consulente
città:	Roma

2

nazionalità:	tedesca
professione:	insegnante
città:	Milano

3

26 Espressioni utili. Completate le espressioni con le parole date.

● piace ● idea ● va ● interessante

1. ....!

2. Sì, mi ....

3. .... bene.

4. Buona ....!

FOCUS di grammatica

Tu e *Lei*

■ In italiano è importante distinguere fra "tu" e "Lei".

tu = *informale*   **Lei** = *formale*

Con "tu" usiamo:
Nome
Ciao/Ci vediamo.
Come stai?
Come ti chiami?
Di dove sei?
Dove abiti?
Che cosa fai?
Scusa.

Con "Lei" usiamo:
Nome e cognome/signora, signore (signor)
Buongiorno/Buonasera/Arrivederci
Come sta?
Come si chiama?
Di dov'è?
Dove abita?
Che cosa fa?
Scusi.

Saluti e presentazioni

Nelle domande:
- i verbi con il "tu" sono alla 2ª persona
- i verbi con il "Lei" sono alla 3ª persona

Nelle risposte:
- i verbi sono alla 1ª persona

ESEMPI

tu	Lei
A: Ciao, Anna, come **stai**?	**A:** Buongiorno, signor Franchi, come **sta**?
B: Bene, grazie, ciao.	**B:** Bene, grazie, arrivederci.

A: Scusa, come **ti chiami**?	**A:** Scusi, come **si chiama**?
B: Mario.	**B:** Mario Locatelli.
A: Piacere, io sono Barbara.	**A:** Piacere, io sono Barbara Forti.

A: Di dove **sei**, Luca?	**A:** Di dov'**è**, signora Sanna?
B: Sono di Roma.	**B:** Sono di Cagliari.
A: E dove **abiti**?	**A:** E dove **abita**?
B: Abito a Milano.	**B:** Abito a Roma.

■ In italiano non è obbligatorio usare *io, tu, Lei* prima del verbo.

ESEMPI

Di dove sei?	(non è obbligatorio dire: *Tu di dove sei?*)
Sono Paolo Sportelli.	(non è obbligatorio dire: *Io sono Paolo Sportelli*)
Sei italiano?	(domanda generale; non è obbligatorio dire: *Tu sei italiano?*)

Si usano **io, tu, Lei:**
- dopo "anche"
- per una distinzione o per enfasi

ESEMPI

A: *Io* abito a Padova, e *Lei*?	(distinzione fra *io* e *Lei*)
B: <u>Anch'*io*</u> abito a Padova.	(dopo "anche" è obbligatorio)

Tabella dei verbi

	essere	*stare*	*fare*	*abitare*
io	sono	sto	faccio	abito
tu	sei	stai	fai	abiti
Lei	è	sta	fa	abita

L'*alfabeto*

■ L'alfabeto italiano ha 21 lettere.

A B C D E F G H I L M N O P Q R S T U V Z

• Le lettere **J K X Y W** non si usano nelle parole italiane, si usano **solo** nelle parole di origine **straniera**.

ESEMPI
Yogurt, bo**x**, disc-**j**ockey, Ne**w** **Y**ork

I suoni dell'alfabeto							
/a/	/e/	/i/	/e ... e/		/u/		
A	E	B	F	effe	Q	Z	zeta
		C	L	elle	U	H	acca
		D	M	emme	V		
		G	N	enne			
		I	R	erre			
		P	S	esse			
		T					

• La "h" non si pronuncia, ma cambia il suono di "c/g" seguite da "i/e".

ESEMPI

Ciao	= "c" dolce /tʃ/		Buon**g**iorno	= "g" dolce /dʒ/
Che cosa	= "c" dura /k/		In**gh**ilterra	= "g" dura /g/

Desinenze per *maschile* e *femminile*

■ In italiano è fondamentale distinguere fra **maschile** (M) e **femminile** (F).

• Ci sono due modelli:

Modello 1		*Modello 2*
M	**F**	**M/F**
-o	-a	-e

ESEMPI

Signor**a** Rossi, Lei è italian**a**?	(F, modello 1)
Paol**o**, sei italian**o**?	(M, modello 1)
A: Di dov'è, signor**a** Takamura?	(F, modello 1)
B: Sono giappones**e**, di Osaka.	(F, modello 2)
A: Lei è giappones**e**, signor**e**?	(M, modello 2)
B: No, sono corean**o**.	(M, modello 1)

Pratica

27 Scegliete la situazione giusta.

	Informale	Formale
1. Sono Marta Lombardi, piacere.	▪	▪
2. Come, scusa?	▪	▪
3. Arrivederci, signora!	▪	▪
4. A: Come stai? B: Eh, così così.	▪	▪
5. Allora a presto!	▪	▪
6. Dove abita, scusi?	▪	▪
7. Sono Giorgio, come va?	▪	▪
8. Sono Giorgio Rossi, come va?	▪	▪
9. A: Che cosa fa? B: Sono ingegnere elettronico.	▪	▪
10. Di dov'è?	▪	▪

28 Completate con *sono, sei, è.*

1. A: Io .... francese, e tu?
   B: .... russa, di Mosca.

2. A: Scusi, ... il signor Grassi?
   B: No, mi chiamo Moranti.

3. A: Jackie, di dove ....?
   B: .... australiana.

4. A: Scusi, ... brasiliano?
   B: No, non .... brasiliano, ... argentino.

5. A: .... il signor Wu Ling.
   B: Come, scusi?
   A: W.U. L. I. N. G.

6. A: Anche tu .... di Rotterdam?
   B: No, io .... belga.

29 Maschile o femminile? Completate con la nazionalità.

1. Angelina Jolie, attrice ....

2. Ronaldo, calciatore ....

3. Tom Cruise, attore ....

4. Valentino Rossi, motociclista ....

5. Lucy Liu, attrice ....

6. Hidetoshi Nakata, calciatore ....

7. Michael Schumacher, pilota ....

8. Camilla Parker Bowles, principessa ....

9. Nicole Kidman, attrice ....

10. Obafemi (Oba Oba) Martins, calciatore ....

30 Trovate la domanda.

1. A: ....?
   B: Di Boston, e Lei?

2. A: ....?
   B: A Roma.

3. A: ....?
   B: Bene, grazie, e tu?

4. A: ....?
   B: Marco Grandi.

5. A: ....?
   B: Giorgia.

6. A: ....?
   B: No, signora, non sono spagnolo.

Role play 💬

31 **In coppia. Personaggi famosi.**

A e B impersonano un personaggio famoso a scelta.
Scegliete la situazione: formale o informale.
Salutate e fate domande su nazionalità, residenza, lavoro. Usate "Come sta/come stai?", "Di dove sei/di dov'è?", "Dove abita/dove abiti?".

Pratica libera

32 **In vacanza.**

Dividete la classe in gruppi. Immaginate di essere le persone della foto; a turno fate domande per conoscervi e rispondete.

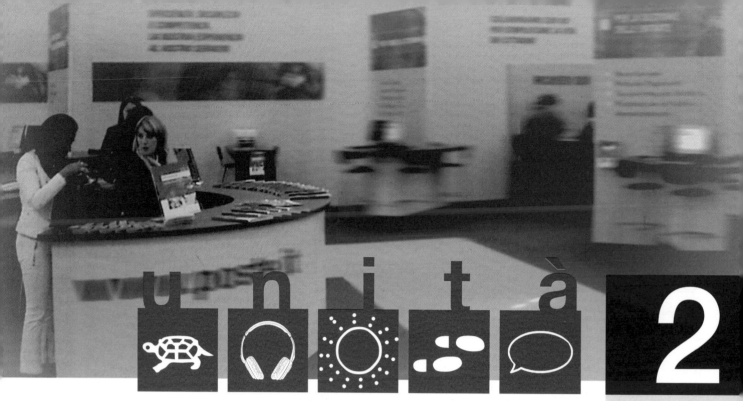

unità 2

Negli uffici pubblici
e in posta

Per cominciare

1 Osservate i disegni.

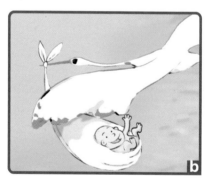

2 In coppia. Collegate i gruppi di parole con i disegni dell'attività precedente.

Stato Civile	Coniuge	Data di nascita	Residenza/Domicilio	Occhi
sposato/a (coniugato/a) non sposato (celibe) non sposata (nubile) vedovo/a separato/a	marito moglie	età anni nato/a	indirizzo	verdi grigi marroni neri

1. ■   2. ■   3. ■   4. ■   5. ■

3 "In Questura". Osservate il modulo.

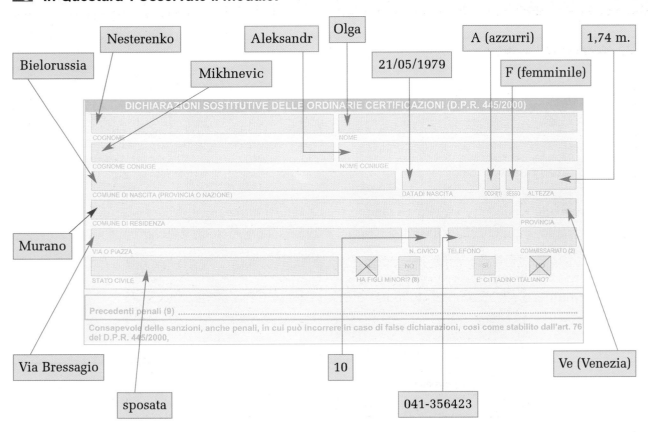

4 Osservate la lista e scegliete la parola informale corrispondente.

● sposato ● non sposato ● non sposata ● indirizzo ● marito/moglie

1. domicilio ....

2. celibe ....

3. nubile ....

4. coniuge ....

5. coniugato ....

5 Completate il modulo con i vostri dati.

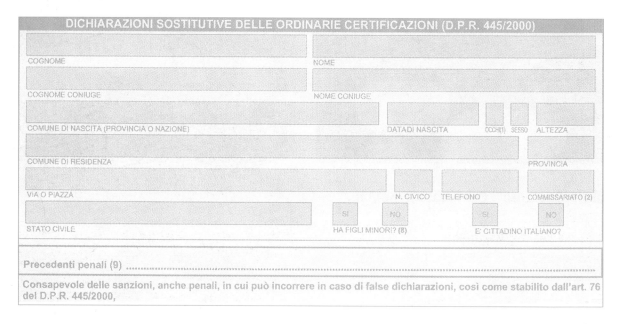

6 Ascoltate i numeri.

● zero ● uno ● due ● tre ● quattro ● cinque ● sei ● sette ● otto ● nove ● dieci ● undici ● dodici
● tredici ● quattordici ● quindici ● sedici ● diciassette ● diciotto ● diciannove ● venti

7 "Che numero è?". Completate le serie di numeri in base all'ascolto.

1. 5, 9, ... , ... , ... , 0

2. 7, ... , 10, 2, ... , ... , ...

3. .... , 3, ... , 12, 1, ...

4. 13, 8, ... , ... , 4, ...

8 Osservate ancora il modulo dell'attività 3. Collegate le domande con le risposte.

1. Qual è il suo numero di telefono?

2. È sposata?

3. Quanti anni ha?

4. Come si chiama suo marito?

5. Quando è nata?

6. Ha figli?

7. Dove è nata?

8. Dove abita?

9. Come si chiama?

10. Qual è il suo indirizzo?

a. ▨ Olga Nesterenko
b. ▨ in Bielorussia
c. ▨ il 21/05/1979
d. ▨ 26
e. ▨ a Murano
f. ▨ Via Bressagio, 10
g. ▨ 041-356423
h. ▨ sì
i. ▨ Aleksandr Mikhnevic
l. ▨ sì

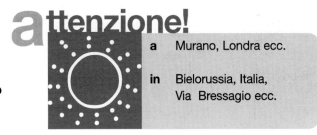

grammatica

	Essere	Avere
(1ª) *io*	sono	ho
(2ª) *tu*	sei	hai
(3ª) *lui/lei*	è	ha

attenzione!

a Murano, Londra ecc.

in Bielorussia, Italia,
Via Bressagio ecc.

9 In coppia. Osservate il modulo compilato dal vostro compagno nell'attività 5 e date qualche informazione in classe.

ESEMPI
Marina è nata in Russia.
John è sposato.

10 Completate le domande con il verbo informale (2ª persona) e i pronomi possessivi.

1. Dove .... nato/a?
2. Quando .... nato/a?
3. Quanti anni .... ?
4. .... sposato/a?
5. .... figli?
6. Qual è il .... indirizzo?
7. Qual è il .... numero di telefono?

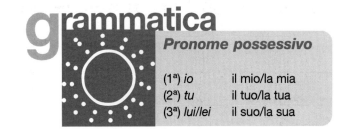

grammatica

Pronome possessivo

(1ª) *io*	il mio/la mia
(2ª) *tu*	il tuo/la tua
(3ª) *lui/lei*	il suo/la sua

11 Drill. "Essere" o "avere"? Usate il verbo giusto nelle domande e nelle risposte.

ESEMPI
A: Quando **sei** nato?
B: **Sono** nato il 15/06/80.

A: Quanti anni **hai**?
B: **Ho** 25 anni.

12 "Essere" o "avere"? Completate la descrizione con il verbo giusto.

La signora Anna Bianchi _____ italiana, ma _____ nata in Francia. _____ sposata e _____ due figlie: la grande, Marta, _____ 10 anni e la piccola, Sabrina, _____ sei anni. Il suo indirizzo _____ : Piazza Bra 5, Verona e il suo numero di telefono _____ : 045 8033476.

13 "Il tuo numero/indirizzo è...?". Scrivete il vostro numero di telefono e indirizzo su un foglio. Scambiate il foglio con il vostro compagno. Fate la domanda e rispondete.

ESEMPI
A: Il tuo numero è 55404789?
B: Sì.

A: Il tuo indirizzo è Piazza Duomo 1?
B: Sì.

14 Ascoltate i numeri.

- ventuno • ventidue • ventitré • ventiquattro • venticinque • ventisei • ventisette • ventotto
- ventinove • trenta • quaranta • cinquanta • sessanta • settanta • ottanta • novanta • cento

15 "Che numero manca?". Completate in base all'ascolto.

1. 4_____
2. _____6
3. _____8
4. 9_____
5. _____7

6. _____2
7. 8_____
8. 4_____
9. _____1
10. 3_____

16 "Siete sposati?". Osservate i dialoghi.

> Olga e Alexandr, **siete** sposati?

> Sì, **siamo** sposati e **abbiamo** due figli.

grammatica

		Essere	Avere
(1ª pl.)	*noi*	siamo	abbiamo
(2ª pl.)	*voi*	siete	avete
(3ª pl.)	*loro*	sono	hanno

> Olga e Alexandr **sono** sposati e **hanno** due figli.

> Paula e Rosie, **siete** americane?

> No, **siamo** australiane.

> Paula e Rosie **sono** australiane.

17 Drill. "E voi?", "E loro?". Fate delle domande e rispondete con il plurale.

ESEMPI
A: Noi siamo italiani, e voi?
B: Siamo americani.

A: Loro hanno figli?
B: Sì, hanno due figli.

grammatica

	Singolare	Plurale
M	-o	-i
M/F	-e	
F	-a	-e

18 Intervista. Immaginate una nuova identità. A turno fate domande ai compagni e rispondete.

19 "In posta". Osservate il modulo e compilate in base alla conversazione.

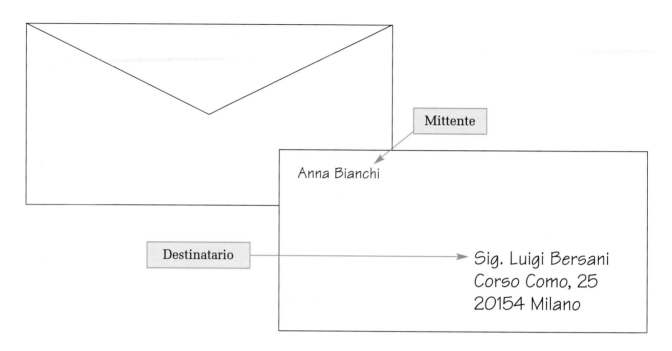

Mittente

Anna Bianchi

Destinatario

Sig. Luigi Bersani
Corso Como, 25
20154 Milano

20 In coppia. "In quale ufficio?". Osservate i documenti. Collegate il documento all'ufficio giusto in base alla conversazione.

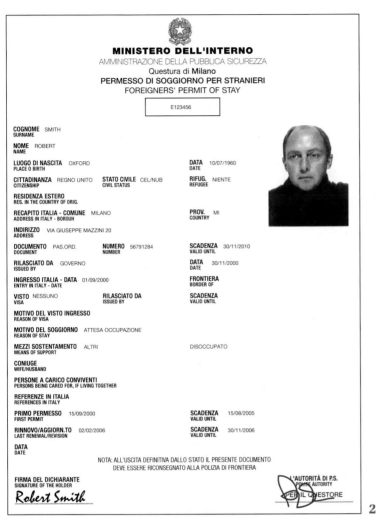

Documento	Ufficio
1. ▢ Carta d'identità	a. ASL
2. ▢ Permesso di soggiorno	b. Agenzia delle entrate – Anagrafe Tributaria
3. ▢ Tessera sanitaria	c. Questura
4. ▢ Codice fiscale	d. Comune – Ufficio Anagrafe

21 "Come si chiama il documento?". Trovate la parola giusta.

1

REPUBBLICA ITALIANA
TESSERA SANITARIA

Codice Fiscale	RSSMRA70A01L736S	Data di scadenza	11/11/2010
Cognome	ROSSI		
Nome	MARIO	Sesso	
Luogo di nascita	VENEZIA		
Provincia	VE		
Data di nascita	01/01/1970		

2

REPUBBLICA ITALIANA
MINISTERO DELLE FINANZE

CODICE FISCALE	RSSMRA70A01L736S		
COGNOME	ROSSI		
NOME	MARIO	SESSO	M
LUOGO DI NASCITA	VENEZIA		
PROVINCIA	VE	DATA DI NASCITA	01/01/1970
1991	Il Ministero delle Finanze		

3

REPVBBLICA ITALIANA

COMVNE DI

MILANO

CARTA D'IDENTITA'

N° AB5543952

DI

MARIO ROSSI

4

MINISTERO DELL'INTERNO
AMMINISTRAZIONE DELLA PUBBLICA SICUREZZA
Questura di Milano
PERMESSO DI SOGGIORNO PER STRANIERI
FOREIGNERS' PERMIT OF STAY

E123456

COGNOME SURNAME	SMITH		
NOME NAME	ROBERT		
LUOGO DI NASCITA PLACE OF BIRTH	OXFORD	DATA DATE	10/07/1960
CITTADINANZA CITIZENSHIP	REGNO UNITO	STATO CIVILE CIVIL STATUS	CEL/NUB RIFUG. REFUGEE NIENTE
RESIDENZA ESTERO RES. IN THE COUNTRY OF ORIG.			
RECAPITO ITALIA - COMUNE ADDRESS IN ITALY - BOROUH	MILANO	PROV. COUNTRY	MI
INDIRIZZO ADDRESS	VIA GIUSEPPE MAZZINI 20		
DOCUMENTO DOCUMENT	PAS.ORD.	NUMERO NUMBER	56791284 SCADENZA VALID UNTIL 30/11/2010
RILASCIATO DA ISSUED BY	GOVERNO	DATA DATE	30/11/2000
INGRESSO ITALIA - DATA ENTRY IN ITALY - DATE	01/09/2000	FRONTIERA BORDER OF	
VISTO VISA	NESSUNO	RILASCIATO DA ISSUED BY	SCADENZA VALID UNTIL
MOTIVO DEL VISTO INGRESSO REASON OF VISA			
MOTIVO DEL SOGGIORNO REASON OF STAY	ATTESA OCCUPAZIONE		
MEZZI SOSTENTAMENTO MEANS OF SUPPORT	ALTRI		DISOCCUPATO
CONIUGE WIFE/HUSBAND			
PERSONE A CARICO CONVIVENTI PERSONS BEING CARED FOR, IF LIVING TOGETHER			
REFERENZE IN ITALIA REFERENCES IN ITALY			
PRIMO PERMESSO FIRST PERMIT	15/09/2000	SCADENZA VALID UNTIL	15/08/2005
RINNOVO/AGGIORN.TO LAST RENEWAL/REVISION	02/02/2006	SCADENZA VALID UNTIL	30/11/2006
DATA DATE			

NOTA: ALL'USCITA DEFINITIVA DALLO STATO IL PRESENTE DOCUMENTO
DEVE ESSERE RICONSEGNATO ALLA POLIZIA DI FRONTIERA

FIRMA DEL DICHIARANTE
SIGNATURE OF THE HOLDER
Robert Smith

L'AUTORITÀ DI P.S.
POLICE AUTHORITY
PER IL QUESTORE

1. ....

2. ....

3. ....

4. ....

22 Espressioni utili. Completate le espressioni con le parole date.

• che • può • mille • così

1. .... aiutarmi?

2. A posto ....

3. Non c'è di ....

4. Grazie ....

23 Inserite l'espressione giusta nei dialoghi.

1. A: Ecco, signora, questo è l'ufficio anagrafe.
   B: ....

2. A: Grazie, molto gentile!
   B: ....

3. A: Devo scrivere anche il mio telefono?
   B: No, ...

4. A: Scusi, ...
   B: Certo, signora.

5. A: Grazie per il suo aiuto.
   B: ....

FOCUS di grammatica

La coniugazione di *essere* e *avere*

		essere	*avere*
1ª sing.	io	sono	ho
2ª sing.	tu	sei	hai
3ª sing.	lui/lei	è	ha
1ª pl.	noi	siamo	abbiamo
2ª pl.	voi	siete	avete
3ª pl.	loro	sono	hanno

Il *plurale*

■ Nomi e aggettivi formano il plurale secondo le seguenti tabelle.

	Modello 1	
	singolare	*plurale*
M	-o	-i
F	-a	-e

	Modello 2	
	singolare	*plurale*
M/F	-e	-i

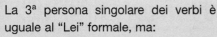

Attenzione!

La 3ª persona singolare dei verbi è uguale al "Lei" formale, ma:
* *il significato* è diverso
* *la risposta* è diversa

ESEMPI
Lei = 3ª persona **formale**.
(Risposta: verbo alla 1ª persona)

A: Signora, **Lei** è sposata?
B: Veramente **sono** divorziata.

A: **Lei ha** figli, signor Benedetti?
B: Sì, **ho** tre figli.

Lei/Lui = 3ª persona **singolare**.
(Risposta: verbo alla 3ª persona)

A: Angela è sposata?
B: Veramente **è** divorziata.

A: Il signor Benedetti **ha** figli?
B: Sì, **ha** tre figli.

ESEMPI
A: Io sono italian**o**, e voi? (*m. sing.*)
B: Noi siamo russ**i**. (*m. pl.*)

A: Lei ha fig**li**? (*m. pl.*)
B: Sì, ho due figl**ie**, Veronica e Benedetta. (*f. pl.*)

A: Lei è **la** signori**na** Magni? (*f. sing.*)
B: Sì, sono io. (*f. sing.*)
A: E voi siete **i** signo**ri** Lombardo? (*m. pl.*)
C e D: No, siamo **i** De Santis. (*m. pl.*)

ESEMPI
A: Io sono ingles**e**, e voi? (*m./f. sing.*)
B: Anche noi siamo ingles**i**. (*m. pl.*)

A: Che significa "il coniug**e**"? (*m. sing.*)
B: Significa: "il marit**o**" o "**la** moglie". (*m. sing.*) (*f. sing.*)
Voi, per esempio, siete **i** coniug**i** Jones. (*m. pl.*)

A: Lei è sposata? (*f. sing.*)
B: No, sono nubile. (*f. sing.*)
A: E voi?
C e D: Anche noi siamo nubil**i**. (*f. pl.*)

Attenzione!

Con i nomi in "-e" è importante ricordare *l'articolo* per sapere se sono maschili o femminili.

ESEMPI

M *il (un)* = *articolo maschile*   **F** *la (una)* = *articolo femminile*

il (un) codice fiscale   la (una) moglie
il (un) coniuge   la (una) coniuge
il (un) nome   la (una) nazione

I *numeri* fino a *100*

0	zero	15	quindici
1	uno	16	sedici
2	due	17	diciassette
3	tre	18	diciotto
4	quattro	19	diciannove
5	cinque	20	venti
6	sei	30	trenta
7	sette	40	quaranta
8	otto	50	cinquanta
9	nove	60	sessanta
10	dieci	70	settanta
11	undici	80	ottanta
12	dodici	90	novanta
13	tredici	100	cento
14	quattordici		

ESEMPI

20 + 4 = ventiquattro
50 + 7 = cinquantasette
70 + 3 = settantatré

Attenzione!

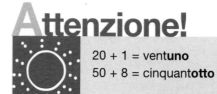

20 + 1 = vent**uno**
50 + 8 = cinquant**otto**

Le preposizioni *in* e *a*

■ "**in**" si usa con:
• l'indirizzo
• la nazione (o la regione)

■ "**a**" si usa con:
• la città

ESEMPI

A: Dove abita?
B: In Piazza Morgagni 5.

A: Dove abita?
B: In Austria.

A: Dove abita?
B: A Genova.

Pratica

24 Completate con *essere*.

1. A: .... francesi?
   B: Io .... francese, ma mio marito .... australiano.

2. A: Ma Paolo non .... sposato?
   B: Veramente .... separato.
   A: Ah, ho capito.

3. A: Loro .... Samantha e Sergio.
   B: Piacere, io .... Filippo.

4. A: Allora, qual .... l'indirizzo del destinatario?
   B: Via Montevarchi 43, 61100, Pesaro.

5. A: Scusi, Lei .... il Signor Berardi?
   B: No, io .... Bianchi.

25 Completate con *avere*.

1. A: Quanti anni .... ?
   B: Ventitré.

2. A: .... figli?
   B: Noi no, e voi?
   A: .... un bambino di tre anni.

3. A: Silvia e Roberto .... la stessa età, sono gemelli.
   B: Ah, interessante!

4. A: Io e mio marito .... due bambine.
   B: Complimenti! Quanti anni .... ?
   A: La grande .... tre anni e la piccola uno.

5. A: .... figli minori?
   B: No, ... venti e ventiquattro anni.

26 Fate il plurale o il singolare.

1. celib**e** ....
2. codic**e** fiscal**e** ....
3. residenz**a** ....
4. raccomandat**e** ....
5. destinatari**o** ....
6. mittent**e** ....
7. certificat**i** ....
8. uffici**o** ....
9. figli**e** ....
10. cognom**e** ....

27 Inserite *in* o *a* prima della parola.

1. .... Praga
2. .... Toscana
3. .... Piazza Unità d'Italia
4. .... Egitto
5. .... New York
6. .... Via Rossini
7. .... Normandia
8. .... Scozia
9. .... Mosca
10. .... Corso Como
11. .... Viale della Stazione
12. .... Bruxelles
13. .... Europa
14. .... Varsavia
15. .... Tibet

Role play 🗨

28 In un ufficio pubblico.

A è un impiegato di un ufficio pubblico (Questura, Comune ecc.).
B deve fare un documento.
Fate e rispondete alle domande per compilare un modulo. Usate: "È sposato/a"?, "Quanti anni ha?",
" È celibe/nubile?", "Ha figli minori?" ecc.

29 Numeri e indirizzi.

A deve fare un telegramma.
B è l'impiegato delle Poste.
A deve dare nomi, indirizzi e numeri di telefono, **B** deve scrivere e poi insieme controllano. Usate:
"Qual è il nome del mittente?", "Qual è l'indirizzo del destinatario?", "Qual è il numero di telefono?"
ecc.

30 Correzioni.

A è un impiegato di un ufficio pubblico.
B deve fare un documento.
B ha un modulo con informazioni su **A** e deve verificare se sono giuste. Fate domande per controllare
e correggere.
Usate: "Lei è sposato/a"? "Ha due figli minori?" "Suo marito/sua moglie si chiama …?" "È nato/a
a…"? ecc.

Pratica libera

31 Create un'identità.

Dividete la classe in due gruppi, **A** e **B**. Ogni gruppo osserva la foto di una persona e inventa
informazioni sulla famiglia, la professione, l'abitazione ecc. Poi si confrontano le "identità" in classe.
Vince la più fantasiosa.

unità

Al bar

3

Per cominciare

1 Monete e banconote.

euro

50 EURO

centesimi

2 Drill. Ascoltate e ripetete.

a**ttenzione!**

Due euri

ma

Due euro

3 "Che cos'è?". Collegate le parole con le immagini.

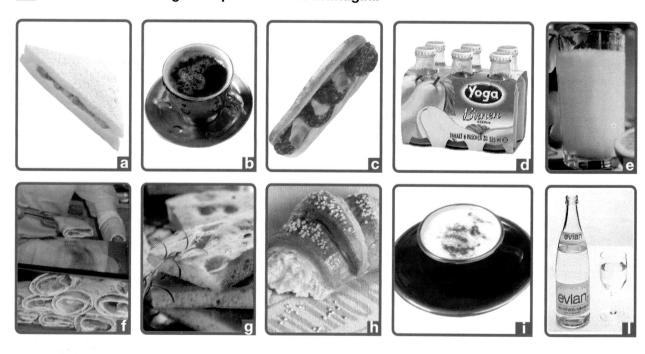

1.   un succo di pera
2.   una focaccia
3.   una spremuta (d'arancia)
4.   un panino
5.   un bicchiere di (acqua) minerale
6.   un tramezzino
7.   un caffè
8.   un cappuccino
9.   una piadina
10.   una brioche

4 Ascoltate e ripetete le parole.

5 "Al bar". In base alle conversazioni ascoltate, segnate che cosa prendono i clienti 1, 2, 3.

Il barista

Il banco

Il cliente

a**tt**enzione!

I nomi in **-ista** sono *maschili* e *femminili*

il bar**ist**a   la bar**ist**a

a

b

c

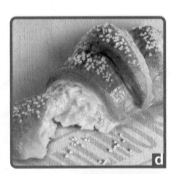

d

e

f

g

h

i

1. Cliente 1 ....
2. Cliente 2 ....
3. Cliente 3 ....

l

m

6 Drill. Ripetete il minidialogo con le possibili varianti.

Vorrei un caffè, per favore.

Ecco a Lei!

7 Completate con la parola giusta.

● macchiato ● subito ● vorrei ● ecco ● gassata ● senza

1. A: Buongiorno, un cappuccino, per favore.
   B: .... a Lei.

2. A: Per favore, un bicchiere di minerale.
   B: Naturale o .... ?

3. A: Buongiorno, vorrei un caffè ....

4. A: Vuole la brioche con la marmellata o
   .... ?

5. A: Ciao, ... una spremuta, per favore.

6. A: Una focaccia, per favore.
   B: .... !

grammatica

maschile	femminile
un	una

8 Ascoltate e inserite le parole nella colonna giusta.

Un	Una

9 In coppia. Ripetete il minidialogo con le possibili varianti.

Ciao, mi fai una spremuta?

Subito!

10 "Quanto pago?". Ascoltate e scrivete quanto paga il cliente.

1. € ....   5. € ....

2. € ....   6. € ....

3. € ....   7. € ....

4. € ....   8. € ....

11 Completate con la parola giusta.

● moneta ● pago ● lo scontrino ● sono ● quant'è? ● in totale

1. A: Quanto ...., per favore?

    B: .... tre euro e dieci, grazie.

    A: Ecco a Lei.

    B: Mi scusi, ha ....?

    A: Eh no, mi dispiace.

    B: Non importa, grazie.

2. A: ....?

    B: Sono dodici e cinquanta ....

    A: Ecco a Lei.

    B: Signore! .... !

attenzione!

Quant'è?/Quanto pago?
per pagare

ma

Quanto costa?
per informazioni

12 In coppia. Pagate alla cassa.

ESEMPIO

A: Quanto pago?

B: Tre euro e quaranta, grazie.

13 **"Quanti tipi di caffè ci sono?". Unite i disegni alle descrizioni.**

a. il caffè macchiato; b. il caffè con panna; c. il caffè ristretto; d. il caffè corretto; e. il caffè decaffeinato;
f. il caffè aromatizzato; g. il caffè lungo; h. il latte macchiato; i. il cappuccino chiaro

1.   senza caffeina
2.   solo mezza tazzina, il sapore è più forte
3.   con un po' di latte caldo o freddo
4.   ha un aroma di vaniglia, cannella o mandorla
5.   con poco caffè

6.   un bicchiere di latte caldo con poco caffè
7.   ha un po' di liquore, di solito grappa o sambuca
8.   una tazzina piena, è meno concentrato perché c'è più acqua
9.   una tazza metà di caffè e metà di panna

14 **Drill. "C'è" o "ci sono". Fate la domanda e date la risposta con le possibili varianti.**

ESEMPIO
A: Quanti tipi di caffè ci sono?
B: C'è il caffè macchiato...

15 "C'è" o "ci sono?". Completate le frasi.

1. Scusi, ... un bar qui vicino?
2. Guarda, ... un tavolino libero!
3. In Italia .... molti tipi di caffè.
4. Il caffè lungo è meno concentrato perché .... più acqua.
5. .... quattro bar in questa piazza!
6. Allora, ... pizzette, panini e tramezzini. Cosa vuoi?

grammatica

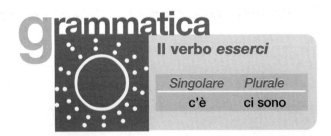

Il verbo *esserci*

Singolare	Plurale
c'è	ci sono

16 In coppia. "Che cosa c'è?". Osservate l'immagine e rispondete alla domanda.

ESEMPIO
A: Che cosa c'è sul tavolo?
B: C'è una brioche alla crema/Ci sono due spremute.

17 Unite le parole alle immagini.

un tè con latte

un tè con limone

un'insalata

un panino con prosciutto e formaggio

una coca cola con ghiaccio

un toast liscio

una coca cola

un'aranciata

un toast farcito

una cioccolata

un panino vegetariano

un panino con mozzarella e pomodoro

una cioccolata con panna

una mezza (bottiglia di) minerale

18 Drill. Ascoltate e ripetete le parole.

19 "Guarda, c'è un tavolino libero". Ascoltate e correggete gli errori nelle ordinazioni.

Il cameriere

attenzione!

un panino
una cioccolata
ma
un'aranciata
un'insalata

Tavolo 1	Tavolo 2
cioccolata con panna	panino con prosciutto e mozzarella
tè al limone	toast farcito
	aranciata senza ghiaccio
	mezza minerale gassata

grammatica

Il verbo *volere*

(1ª)	*io*	voglio
(2ª)	*tu*	vuoi
(3ª)	*lui/lei*	vuole

attenzione!

~~**Voglio** un caffè per favore~~

Vorrei un caffè per favore

20 Ripetete il minidialogo con le possibili varianti.

... e da bere?

Una coca cola, per favore.

21 Espressioni utili. Completate le espressioni con le parole date.

● ecco ● quanto ● importa ● bere

1. Non .... , grazie.

2. E da .... ?

3. .... a Lei.

4. .... pago?

FOCUS di grammatica

La coniugazione di *prendere* e *volere*

■ **Prendere** è un verbo *regolare*.
Volere è un verbo *irregolare*.

		prendere	*volere*
1ª sing.	*io*	prendo	voglio
2ª sing.	*tu*	prendi	vuoi
3ª sing.	*lui/lei*	prende	vuole

Attenzione!

Per chiedere qualcosa in modo gentile si usa "vorrei" (1ª persona del *condizionale*).
La prima persona "voglio" si usa nelle risposte, generalmente negative.

ESEMPI

A: Io prendo un caffè e tu?
B: Anch'io, ma un decaffeinato.

A: Signora, prende qualcosa da bere?
B: Vorrei un'aranciata, per favore.

A: Marco, vuoi qualcosa da bere?
B: Non voglio niente, grazie.

A: Vorrei un cappuccino, per favore.
B: Vuole il cacao?
A: No, grazie, non lo voglio.

Il verbo *esserci*

■ Il verbo **esserci** ha due forme, singolare e plurale:
- **c'è** (*sing.*)
- **ci sono** (*pl.*)

ESEMPI

A: **C'è** *un panino* senza maionese? (*sing.*)
B: Sì, certo.

A: *Che cosa* **c'è**? (*sing.*)
B: **Ci sono** molti *panini* e anche *pizzette*. (*pl.*)

Attenzione!

Usiamo **c'è/ci sono** per determinare se qualcosa o qualcuno è presente/disponibile o assente/non disponibile.

ESEMPI

1. A: Mi scusi, **c'è** un tavolino libero?   (= è disponibile?)
   B: Sì, certo.

2. A: **C'è** la piadina vegetariana?   (= è disponibile?)
   B: No, mi dispiace, è finita.

3. A: Scusa, **c'è** Mario?   (= è presente?)
   B: No, mi dispiace non **c'è**.   (= non è qui, non è presente)

4. A: Quanti studenti **ci sono** in classe?   (= sono presenti)
   B: Dieci, ma non **ci sono** abbastanza sedie!   (= non sono disponibili)

Usiamo **è/sono** per descrivere le caratteristiche di qualcosa o qualcuno e rispondere alla domanda "com'è?" (chiedere una descrizione).

ESEMPI

1. A: Com'è il tuo panino?
   B: **È** buonissimo!

2. A: Questo bar **è** un po' caro, no?
   B: Sì, ma siamo in Piazza San Marco!

3. A: Laura **è** molto simpatica, vero?
   B: Sì, è vero.

La preposizione *da*

■ Si usa la preposizione **da** + verbo infinito.

ESEMPI

Signora, cosa prende **da** bere?   (**non** si dice *per bere*)
Vuoi qualcosa **da** mangiare?   (**non** si dice *per mangiare*)

L'aggettivo numerale e articolo indeterminativo *un*

	Singolare
M	*un*
	uno
F	*una*
	un'

■ **Aggettivo numerale**.
Si usa per definire una *quantità singolare*.

ESEMPI

un cappuccin**o**/due cappuccin**i**
una spremut**a**/due spremut**e**
un'aranciat**a**/due aranciat**e**
uno scontrin**o**/due scontrin**i**

■ **Articolo indeterminativo**.
Si usa per parlare di qualcosa *in generale*, in modo *non definito*, di qualcosa che non conosciamo.

ESEMPI

1. **A:** Cosa mangi?
   B: Mah, **un** panino qualsiasi... no aspetta, prendo il panino Primavera.

2. **A:** Mi scusi, c'è **un** bar qui vicino?
   B: Sì, c'è il bar "City".

3. **A:** Avete **un** panino vegetariano?
   B: Eh... forse. Adesso guardo.

4. **A:** Vorrei tanto sedermi in **un** bar...
   B: Ti va bene il bar di Piazza Dante?
   A: Sì, benissimo.

 **A**ttenzione!

Usiamo **un'** con una parola femminile che inizia con *vocale*.

ESEMPI

un'**i**nsalata, un'**a**ranciata

Usiamo **uno** con una parola maschile che inizia con *s + consonante*.

ESEMPI

uno **sc**ontrino, uno **str**udel

Pratica

22 Completate con i verbi *volere, prendere* o con *vorrei*.

A: Giulia, guarda c'è un tavolino libero!

B: Molto bello questo bar, no?

A: Sì, davvero. Ah, ecco il cameriere.

C: Buongiorno.

A e B: Buongiorno.

A: Allora, io .... un toast farcito e tu Giulia?

B: Per me un panino Primavera ma non .... la maionese, per favore.

C: Certo. Da bere?

B: Io .... una coca cola.

C: .... ghiaccio e limone?

B: Sì, per favore.

C: E per Lei?

A: Per me una mezza minerale. Giulia, ... anche un caffè?

B: No, non .... nient'altro, grazie.

23 Completate con un aggettivo numerale corretto.

1. .... tramezzino

2. .... succo di pera

3. .... tè

4. .... insalata

5. .... scontrino

6. .... toast

7. .... aranciata

8. .... bottiglia di minerale

9. .... bicchiere di minerale

10. .... strudel

24 "Che cosa c'è?". Inserite le parole nella colonna giusta.

> • il cameriere • il barista • un panino
> • una focaccia • i clienti • due cappuccini
> • una spremuta • i tramezzini
> • quattro pizzette • un'aranciata

c'è	*ci sono*

25 Completate con "c'è/ci sono" o "è/sono".

1. **A:** Mi scusi, ... un tavolino libero?
   B: Sì, certo. Ecco qui...

2. **A:** .... un sacco di gente in questo bar!
   B: Beh, ... un bar molto bello e non .... caro.

3. **A:** Scusi, ... un bagno qui?
   B: Sì, in fondo a destra.

4. **A:** Allora, ... un posto disponibile nella classe del mattino.
   B: .... molti studenti?
   A: No, al massimo 8 studenti.

5. **A:** Senti, com'è il professore?
   B: .... molto simpatico e gentile, non ti preoccupare!
   A: E gli studenti?
   B: Ah, ... tutti molto simpatici.

26 Trovate la domanda o la risposta.

1. A: Prego signora?
    B: ....

2. A: ....?
    B: Subito!

3. A: Con cacao?
    B: ....

4. A: ....?
    B: Tre euro e cinquanta, grazie.

5. A: ....?
    B: Per me una coca cola.

Role play

27 Al bar.

A e B sono al tavolino di un bar e vogliono ordinare qualcosa.
C è il cameriere del bar.

Usate: "E da bere?", "Ecco a Lei", "Per me...", "Vorrei...", "Io prendo...".

Pratica libera

28 Il mio bar.

La classe si divide in due gruppi, A e B. I gruppi immaginano di avere un bar e quindi decidono il nome, il luogo, dove sono i tavoli, il bancone, quanti baristi, il listino prezzi, il menu ecc. Alla fine i due gruppi presentano in classe il proprio bar e si decide qual è il migliore.

Al supermercato

Per cominciare

1 In coppia. Localizzate nel disegno le seguenti parole.

- l'entrata • la cassa • la cassiera
- il cestino • il sacchetto • lo scaffale
- il carrello • la coda • l'uscita

Dov'è la cassa?

È qui!

2 Unite le parole alle immagini.

la carta igienica

gli spaghetti

i pomodori

l'aceto

il detersivo per i piatti

le mele

le banane

il sale

il pane

il burro

lo yogurt

i limoni

il latte

i biscotti

l'olio

lo zucchero

3 Ascoltate e ripetete le parole.

4 "Hai la lista?". Ascoltate e segnate che cosa comprano Anna e Carlo.

mele	aceto
banane	zucchero
limoni	latte
carta igienica	biscotti
sale	detersivo piatti
burro	spaghetti
yogurt	pomodori
olio	pane

5 Scegliete la risposta giusta in base alla conversazione dell'ascolto precedente.

1. Anna prende
   a ▨ il cestino
   b ▨ il carrello

2. Alle casse
   a ▨ c'è molta gente
   b ▨ c'è poca gente

3. La cassa veloce accetta
   a ▨ minimo 10 pezzi
   b ▨ massimo 10 pezzi

4. La cassiera chiede
   a ▨ la carta fedeltà
   b ▨ la carta di credito

5. Anna paga
   a ▨ in contanti
   b ▨ con la carta di credito

6 Inserite tutte le parole della lista della spesa di Anna e Carlo nella colonna giusta.

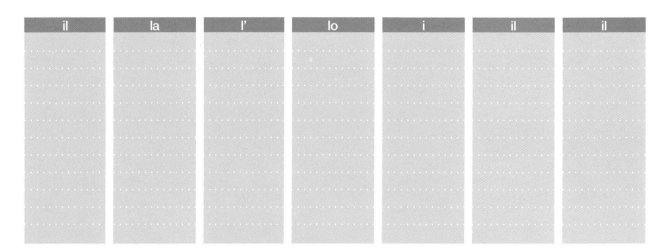

il	la	l'	lo	i	il	il

attenzione!

l'	davanti a **vocale**
lo/gli	davanti a s + consonante
	y
	z

7 "Quanto?". Scrivete il nome del prodotto vicino alla quantità.

• prosciutto • pane • acqua gassata • biscotti • latte • mortadella • burro
• zucchero • formaggio emmental • pasta • parmigiano

un litro di (mezzo litro, un litro e mezzo) ....

un etto di (mezzo etto, un etto e mezzo) ....

un chilo di (mezzo chilo, un chilo e mezzo) ....

un pezzo di ....

una fetta di ....

un pacco di ....

8 Ascoltate e controllate.

9 "A chi tocca?". Ascoltate e scrivete i prodotti e la quantità.

	Prodotti	Quantità
Cliente 1		
Cliente 2		
Cliente 3		

a**ttenzione!**

un paio d'etti = circa due etti

10 Espressioni utili. Completate le espressioni con le parole date.

• meno • basta • guardo • sicuro • c'è

1. .... così, grazie.

2. Non sono ....

3. .... tutto?

4. Un momento, ...

5. .... male!

FOCUS di grammatica

L'*articolo determinativo*

■ L'articolo determinativo si usa per parlare di qualcosa in modo *specifico*, qualcosa che conosciamo.

Articoli determinativi		
	Singolare	*Plurale*
M	il	i
	l'	
	lo	gli
F	la	
	l'	le
l'	davanti a **vocale** (M e F)	
lo	davanti a **s + consonante** (M)	
	y	
	z	

ESEMPI

1. **A:** Vorrei prendere uno yogurt, ma non so quale...
    B: Prendi **lo** yogurt al cocco, è buonissimo!

2. **A:** Sai se c'è un ristorante vegetariano qui in zona?
    B: Sì, c'è **il** ristorante "Orto magico", in via Mazzini.

3. **A:** Gentili clienti, **la** cassa numero 9 è aperta.
    B: Dai Marco, andiamo! Corri!

4. **A:** Mi scusi, avete un formaggio tipico di questa zona?
    B: Sì, certo. Abbiamo **il** formaggio con le noci.

■ Gli articoli si usano prima di un nome e si accordano in base al genere (maschile o femminile) e al numero (singolare o plurale).

il pomodor**o** (*m. sing.*)   **i** pomodor**i** (*m. pl.*)
la mel**a** (*f. sing*)   **le** mel**e** (*f. pl.*)

Attenzione!

I nomi che finiscono in "**-e**" possono essere maschili o femminili.

Con i nomi in "**-e**" è necessario **memorizzare il genere** per sapere quale articolo usare:

latt**e**   *maschile* o *femminile*?   ⟶   **il** latt**e** (*m. sing.*)

maiones**e** *maschile* o *femminile*?   ⟶   **la** maiones**e** (*f. sing*)

Pratica

11 Completate con gli articoli determinativi

1. A: Mario, compri tu .... pane?
   B: Sì, va bene.

2. A: Ma che differenza c'è tra .... limone e .... cedro?
   B: Beh, il cedro è più grande, ha un sapore diverso e costa anche molto di più.

3. A: Senti, prendiamo .... spaghetti?
   B: No, guarda, prendiamo .... penne, è meglio.

4. A: Come si chiama .... insalata verde con le foglie grandi?
   B: Si chiama lattuga.

5. A: Mi scusi, dov'è .... olio?
   B: È lì, vede? .... scaffale in alto.

6. A: Tocca a me? Avete .... prosciutto di Parma?
   B: Certo.
   A: Allora un paio d'etti, per favore.

7. A: Allora io prendo .... sale e tu .... zucchero.
   B: Ok. Ci vediamo alle casse.

8. A: Mi scusi, dov'è .... uscita?
   B: È là, signora, vede?

12 Completate con gli articoli determinativi o indeterminativi.

1. Per favore, c'è .... supermercato qui vicino?

2. Paolo, prendi tu .... latte?

3. A: Hai .... lista della spesa?
   B: Sì, eccola!

4. Mi scusi, dov'è .... supermercato Conad?

5. A: Non mi ricordo dov'è .... banco della gastronomia.
   B: È meglio chiedere, se no giriamo per un'ora!

6. A: Senta, vorrei .... formaggio tipico italiano.
   B: Sì, certo. Può provare .... formaggio con le noci, è molto buono.

13 Fate il plurale o il singolare.

1. il formaggio ....
2. le carote ....
3. lo scontrino ....
4. i limoni ....
5. gli ananas ....
6. il bicchiere ....
7. la cassa ....
8. gli yogurt ....
9. le bottiglie ....
10. lo scaffale ....

14 Unite il nome del prodotto alla quantità come nell'esempio.

pasta	*un etto*
pane	
uva	*un chilo*
prosciutto	
latte	*un pezzo*
emmental	
parmigiano	*un pacco*
acqua	
mele	*un litro*
biscotti	
mortadella	*una fetta*

15 Trovate la domanda o la risposta.

1. A: ....?
   B: Ah, sì. Vorrei anche due mozzarelle di bufala, per favore.

2. A: ....?
   B: Due etti, per favore.

3. A: Altro?
   B: ....?

4. A: Ha la carta?
   B: ....?

5. A: Ha moneta?
   B: ....?

6. A: Non so quale yogurt prendere....
   B: ....?

Role play

16 Al banco della gastronomia.

A è il commesso.
B è il cliente: prima scrive la lista della spesa.

Usate: "Mi dica", "Quanto?", "Altro?... " , "Basta così, grazie."

17 Alla cassa.

A è il cassiere.
B è il cliente.

Usate: "Ha la carta?, "Quanto pago?", "Ha moneta?", "Un momento, guardo…", "Un sacchetto, per favore."

Pratica libera

18 Un piatto tipico del mio Paese.

Ogni studente (o coppie della stessa nazionalità) scrive una lista della spesa per preparare, per l'intera classe, un piatto tipico del proprio Paese: è necessario anche calcolare la quantità dei prodotti e il costo. Alla fine, confronto e descrizione dei piatti alla classe.

unità

5

Muoversi in città

Per cominciare

1 Trovate le parole nel disegno.

(la) banca — (l') autobus — (la) metropolitana/metro — (la) macchina — (il) semaforo — (l') incrocio

a sinistra

(la) piazza

a destra

dritto

(la) strada

(il) passante

a piedi

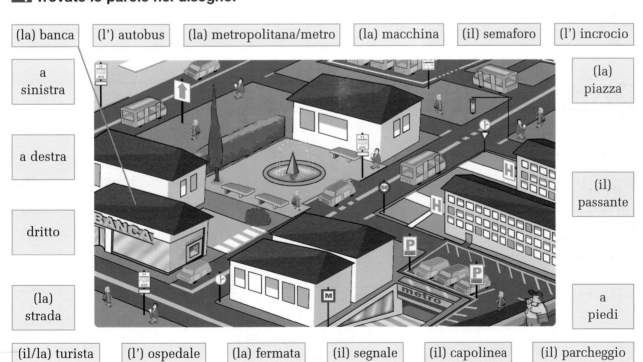

(il/la) turista — (l') ospedale — (la) fermata — (il) segnale — (il) capolinea — (il) parcheggio

2 Ascoltate e ripetete le parole.

(la) banca, (l') autobus, (la) metropolitana/metro,

(la) macchina, (il) semaforo, (l') incrocio,

(la) piazza, (il) passante, (il/la) turista,

(l') ospedale, (la) stazione, (la) fermata,

(il) segnale, (il) capolinea, (il) parcheggio,

(la) strada, a destra, a sinistra, dritto, a piedi

pronuncia

Suoni "au"/"eu"
autobus
australia
euro

Accento delle parole
semàforo
màcchina
capolìnea

3 Collegate i verbi al segnale giusto.

1. ▦ girare
2. ▦ andare/continuare
3. ▦ attraversare
4. ▦ salire
5. ▦ scendere
6. ▦ prendere (la prima a sinistra)
7. ▦ tornare (indietro)

grammatica

Prendere **la** prima a sinistra.

Girare **alla** prima a sinistra.

4 "Scusi, signora!". Vero o Falso?

	Vero	Falso
1. Deve girare alla prima a sinistra.	▦	▦
2. Deve attraversare una piazza.	▦	▦
3. Il turista cerca un albergo.	▦	▦
4. Il passante conosce l'albergo.	▦	▦

Sa dov'è
Via Garibaldi?

Deve andare
sempre dritto.

5 Ascoltate di nuovo e disegnate nel riquadro la strada che il turista deve fare.

6 **Completate le frasi con il verbo giusto.**

● prendere ● tornare ● girare ● attraversare ● andare

1. All'incrocio deve .... a sinistra e poi .... la prima a destra.
2. Deve .... sempre dritto per circa 100 metri.
3. Ha sbagliato strada, deve .... indietro e .... alla seconda a sinistra.
4. Deve .... la piazza, ... la prima a destra e .... fino in fondo alla strada.

7 **"In autobus". Rispondete alle domande in base alla conversazione in autobus.**

1. Dove deve andare la signora?
....

2. Dov'è?

....

3. Quante fermate sono?

....

Sa quante fermate sono?

Mah, ci vuole un po'.

8 **"In metropolitana". Scegliete la mappa giusta.**

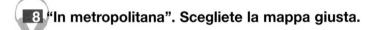

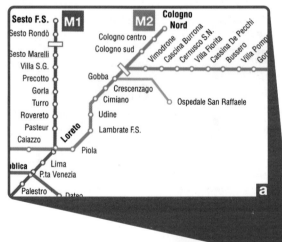

Dove devo scendere?

9 "In macchina". Scegliete la risposta giusta in base alla conversazione.

1. La persona non può lasciare la macchina
   a ▢ perché il parcheggio è vietato a tutti
   b ▢ perché il parcheggio è solo per i residenti

2. In centro
   a ▢ c'è un parcheggio
   b ▢ non c'è un parcheggio

3. Il parcheggio è
   a ▢ al primo incrocio
   b ▢ in fondo a destra

Posso lasciare la macchina qui?

No, mi dispiace.

FOCUS di grammatica

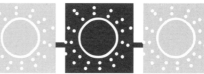

I verbi *dovere* e *potere*

■ **Dovere** = obbligo
Potere = permesso/possibilità

• *Dovere* e *potere* sono seguiti da un verbo all'**infinito**.

Coniugazione		
	dovere	*potere*
io	devo	posso
tu	devi	puoi
Lei	deve	può

+ *infinito* (per posso, puoi, può)

ESEMPI

Permesso

Posso *parcheggiare* qui?
Sì, non c'è problema.

Puoi/può *lasciare* la macchina in garage.
Va bene, grazie.

Obbligo

Quale autobus **devo** *prendere* per il centro?
Deve *prendere* il 33.

Scusa, questa va bene per il centro?
No, **devi** *cambiare* linea.

Quanto ci vuole?

■ **Ci vuole** = durata di tempo

• *Ci vuole* si usa con un nome **singolare**.
• *Ci vogliono* si usa con un nome **plurale**.

ESEMPI

Singolare

Quanto **ci vuole** per la stazione?
Ancora due fermate.

Ci vuole *molto* per l'aeroporto?
No, solo una mezz'ora.

Plurale

È lontano in macchina?
No, **ci vogliono** *10 minuti*.

Scusi, *quante* fermate **ci vogliono** ancora per Piazza Napoli?
Non so, credo quattro o cinque.

Pratica

10 **Completate le seguenti conversazioni con *dovere* o *potere*.**

1. A: Scusi, ... andare in Via Dante, sa dov'è?

    B: Sì, da qui .... prendere l'autobus oppure la metropolitana.

    A: .... andare a piedi?

    B: Sì, anche. Per andare a piedi .... prendere la prima a destra, poi .... continuare dritto per circa 200 metri e poi al semaforo .... girare ancora a destra.

    A: Grazie mille.

2. A: Guardi, qui è vietato, non .... lasciare la macchina.

    B: Scusi. Sa dove .... trovare un parcheggio?

    A: Sì, ... girare subito a destra e poi continuare per circa 200 metri. Il parcheggio è dopo il semaforo, nella prima traversa a sinistra.

    B: Grazie mille.

11 **Completate le seguenti conversazioni con *ci vuole* o *ci vogliono*.**

1. A: Scusi, devo andare alla stazione centrale. .... molto da qui?

    B: In autobus .... circa 15 minuti.

    A: Ah, allora non posso andare a piedi.

    B: Beh, a piedi .... almeno un'ora.

    A: Ah no, no, prendo l'autobus. Grazie, arrivederci.

2. A: Scusi, sa dov'è Piazza Martini?

    B: Piazza Martini... sì, ... ancora 10 minuti più o meno.

    A: Sa quante fermate sono?

    B: Eh, guardi .... almeno cinque fermate.

12 **Trovate le domande.**

A: .... ?

B: Beh, a piedi ci vuole circa mezz'ora.

A: .... ?

B: Sì, c'è l'autobus 65.

A: .... ?

B: Forse sono tre o quattro fermate.

Role play 💬

13 **Turista e passante.**

A è un turista: decide dove deve andare e chiede informazioni a un passante.
Usate le espressioni: "dov'è", "devo", "posso", "quanto ci vuole".
B è un passante: deve dare le informazioni al turista.
Usate le espressioni: "deve", "a piedi, in autobus...", "ci vuole, ci vogliono".

14 Passeggero e autista.

A è un passeggero sull'autobus: non sa dove deve scendere e chiede informazioni all'autista.
Usate le espressioni: "dov'è", "quale", "devo", "posso", "quanto ci vuole" .
B è l'autista dell'autobus: deve dare le informazioni al passeggero.
Usate le espressioni: "deve", "ci vuole, ci vogliono".

15 Automobilista e passante.

A non sa dove può lasciare la macchina. Chiede informazioni a un passante.
Usate le espressioni: "dove", "posso", "qui".
B è un automobilista e non sa dove parcheggiare la macchina: il passante deve dare le informazioni.
Usate le espressioni: "è vietato", "deve".

Pratica libera

16 Costruite un itinerario.

Si parte da un punto fisso a scelta (la scuola, il centro città ecc.).

La persona (o il gruppo) A decide di andare a trovare la persona (o il gruppo) B a casa sua: chiede informazioni sulla strada, i mezzi di trasporto, la durata di tempo ecc. e disegna l'itinerario su un foglio a mano libera.

La persona (o il gruppo) B dà le informazioni per arrivare a casa sua e poi controlla se l'itinerario disegnato dalla persona (o il gruppo) A è giusto.

unità 6

Negli alberghi

Per cominciare

1 Guardate le foto e dite il nome degli oggetti.

■2 Lettura. "L'Albergo Astoria".

Informazioni Generali

Nel cuore di Rapallo, a due passi da Portofino, Genova e le Cinque Terre, si trova l'albergo Astoria, una villa liberty sul mare, completamente rinnovata. A pochi metri dall'albergo ci sono il Golf e il Tennis Club, il porto turistico con possibilità di noleggio imbarcazioni e numerosi stabilimenti balneari.
In posizione ideale, sia per chi ama una vacanza ricca di escursioni e divertimenti, sia per chi cerca una vacanza di completo relax.

Camere

22 camere luminose ed eleganti, tutte con aria condizionata e riscaldamento, TV satellitare, telefono diretto con servizio sveglia, connessione modem, minibar, cassetta di sicurezza, bagno con vasca e/o doccia e asciugacapelli.
Dalla maggior parte delle camere è possibile godere di una magnifica vista sul Golfo del Tigullio.

(adattato dal sito www.hotelastoriarapallo.it)

■3 Rispondete alle domande.

1. Dov'è l'albergo Astoria?

   ....

2. Quante camere ha?

   ....

3. Dov'è la spiaggia?

   ....

4. Quante camere hanno l'aria condizionata?

   ....

4 Completate con le vostre preferenze la scheda di prenotazione online dell'albergo.

Tipo di richiesta:	
Persone:	
Opzioni stanze:	
A partire da (gg/mm/aa):	
Fino a (gg/mm/aa):	
Nome:	
Indirizzo:	
Città:	
Nazione:	
Telefono:	
Fax:	
Email: obbligatoria	
Commenti:	

Avete disponibilità di una singola?

Sì, per quando?

5 "Avete disponibilità?". Completate le informazioni in base alla conversazione.

Tipo di camera	
Periodo	
Costo	
Nome cliente	
Fax albergo	
Indicazioni stradali in macchina	
Indicazioni stradali in treno	

6 Collegate le definizioni ai simboli.

1. ▨ mezzi di pagamento
2. ▨ minigolf
3. ▨ mezza pensione/pensione completa
4. ▨ prezzi
5. ▨ distanza in km (chilometri)
6. ▨ sala congressi

7. ▨ palestra/piscina
8. ▨ solarium/sauna
9. ▨ chiusura stagionale
10. ▨ animali ammessi
11. ▨ garage/posto auto

7 "Hotel, buonasera". Ascoltate la conversazione e decidete se la persona telefona per:

1. ▨ prenotare
2. ▨ chiedere informazioni

> Va bene la carta di credito?

> Certo, non c'è problema.

Ascoltate ancora e decidete se l'informazione è presente (SÌ) o non è presente nella conversazione (NO).

	SÌ	NO
1. La persona deve prenotare per un gruppo di persone.	▨	▨
2. La persona deve prenotare camere con pensione completa.	▨	▨
3. La persona deve prenotare nel periodo di alta stagione.	▨	▨
4. L'hotel è chiuso da ottobre a marzo.	▨	▨
5. L'hotel ha palestra, posto auto e gli animali sono ammessi.	▨	▨
6. La persona chiede qual è la distanza dell'hotel dall'aeroporto.	▨	▨
7. L'hotel accetta le carte di credito.	▨	▨
8. Per prenotare, la persona deve fare un deposito.	▨	▨
9. La persona prenota subito.	▨	▨

FOCUS di grammatica

Le preposizioni di luogo *in* e *a*

▨ Le preposizioni **in** e **a** indicano un luogo. Hanno un uso diverso:

- **in** + regione
- **a** + città

ESEMPI

In Liguria c'è molto turismo.
L'albergo è *a Rapallo*.

ALTRI ESEMPI

in	a
Come si arriva *in albergo?*	Dov'è l'albergo?
Deve prendere la A12.	*A 200 metri* dalla stazione.
In albergo abbiamo la sauna.	*All'Hotel Astoria* non c'è la sala congressi.

a +		
il	al
lo	allo
la	alla
l'	all'

a +		
i	ai
gli	agli
le	alle

di fronte	
accanto	
vicino	+ **a** + il, la ecc.
in fondo	
fino	

ESEMPI

Il minigolf è **accanto all'***albergo.*

L'albergo è **di fronte alla** *fontana.*

L'hotel è **vicino al** *mare.*

Deve andare **fino al** *semaforo* e poi **in fondo alla** *strada* a destra.

Andare e *venire*

■ *Andare* e *venire* sono verbi irregolari. Indicano movimenti diversi:

andare = ⟶   venire = ⟵

Coniugazione		
	andare	***venire***
io	vado	vengo
tu	vai	vieni
Lei	va	viene

ESEMPI

Andare

A: Scusi, dov'è l'albergo Mira?

B: **Va** sempre dritto per 200 metri e poi gira a sinistra.

A: **Vai** al mare in treno?

B: No, **vado** in macchina.

Venire

A: Come si arriva da voi?

B: Se **viene** in treno, deve scendere a Rapallo.

A: **Vieni** al mare con noi?

B: Sì, **vengo** sicuramente.

Quale e *quanto* nelle domande

■ *Quanto* **viene** = quanto costa?

ESEMPIO

A: Quanto **viene** la camera?

B: 120 euro.

Quanto/a/i/e = numero

Quale/i = tipo

ESEMPI

Quanto

A: Scusi, **quante** fermate sono per l'ospedale?

B: *Cinque.*

A: **Quante** camere avete?

B: Abbiamo *22* camere.

A: **Quanto** tempo ci vuole a piedi?

B: Circa *15* minuti.

Quale

A: Scusi, a **quale** fermata devo scendere per l'ospedale?

B: Alla *prossima.*

A: **Quali** servizi avete?

B: Abbiamo *sauna, piscina, ristorante* e *minigolf.*

A: **Quale** camera prenota?

B: La camera *doppia.*

Pratica

8 **Completate con *in* o *a* e gli articoli necessari.**

1. A: L'albergo è vicino .... stazione?
   B: Sì, è .... circa 100 metri.

2. A: .... albergo c'è il garage?
   B: Ci sono posti auto.

3. A: Come arriva?
   B: .... macchina, ... autostrada.

4. A: Dov'è il ristorante?
   B: .... fondo .... sinistra.

5. A: L'albergo è .... centro?
   B: Sì, è proprio accanto .... Duomo.

9 **Completate con *andare* o *venire*.**

1. A: Quanto .... la camera?
   B: 100 euro, senza la prima colazione.

2. A: Scusi, per il Duomo?
   B: Deve .... sempre dritto e poi gira alla prima a destra.

3. A: Sabato .... al mare.
   B: Dove?
   A: A Rapallo.

4. A: .... da Milano in macchina: è lontano?
   B: No, ci vuole circa un'ora e mezzo.

5. A: .... con noi al mare?
   B: Sì, volentieri.

10 **Completate con *quale* o *quanto*.**

1. A: .... dista l'hotel dall'aeroporto?
   B: Circa 30 km.

2. A: Scusi, ... strada devo prendere per il centro?
   B: La prima a sinistra.

3. A: Devo prenotare una camera singola.
   B: Sì. Per .... notti?
   A: Due.

4. A: Per Rapallo .... uscita devo prendere?
   B: L'uscita di Recco.

5. A: Scusi, ... è la mia camera?
   B: La prima a sinistra in fondo al corridoio.

11 **Trovate le domande.**

1. A: .... ?
   B: Due.

2. A: .... ?
   B: Circa 10 minuti.

3. A: .... ?
   B: 120 euro la singola e 210 la doppia.

4. A: .... ?
   B: Sempre dritto e poi gira a sinistra.

5. A: .... ?
   B: Sì, certo.

Role play 🗩

12 **Cliente e albergo.**

A deve prenotare una o più camere in albergo.
Usate le espressioni: "Avete disponibilità di…" , "Quanto viene…" , "Come arrivo…"
B lavora in albergo. Risponde alle domande del cliente.

13 **Cliente e albergo.**

A deve chiedere informazioni in albergo.
Usate le espressioni: "C'è, ci sono…" , "Qual è il costo di …" , "Avete…" , "Quanto dista…"
B lavora in albergo. Risponde alle domande del cliente.

Pratica libera

14 **Composizione.**

A coppie o in gruppo scrivete la descrizione di un albergo immaginario.

unità 7

Al ristorante

Per cominciare

1 Osservate le foto.

2 **Trovate le parole nelle foto.**

1. (il) *cameriere* 2. (il) *tavolo* 3. (il) *menu* 4. (il) *coperto* 5. (il) *piatto* 6. (il) *pane* 7. (il) *tovagliolo* 8. (l') *olio*
9. (l') *aceto* 10. (il) *sale* 11. (il) *pepe* 12. (l') *acqua* 13. (il) *vino* 14. (il) *posto* 15. (il) *conto* 16. (la) *toilette* (il bagno)
17. *consigliare* 18. *ordinare* 19. *aspettare* 20. *pagare*

3 **Drill. Leggete il minidialogo e ripetete con le possibili varianti.**

Scusi, il conto,
per favore.

Subito.

4 **Leggete la scheda del ristorante e poi completate le frasi in base al testo.**

1. L'Antica casa della Malvasia è un ristorante
   ....

2. Il ristorante si trova......................................
   ....

3. È aperto..
   ....

4. Un pranzo o una cena costano.........................

5. È meglio..

Antica casa della Malvasia

Ristorante storico, fin dal 1200
punto d'arrivo del vino Malvasia.
Piatti tradizionali come
le "tagliatelle con gli asparagi selvatici"
e le "lumache alla vicentina".

Indirizzo Contrà Morette 5, Vicenza, Tel. 0444 543704
Chiusura lunedì
Coperti 130
Parcheggio privato no
Carte di credito tutte
Conto 20 euro, bevande escluse
Prenotazione gradita

5 **"Ristorante, buonasera". Completate la griglia in base all'ascolto.**

Numero di persone	Giorno e orario	Nome del cliente	Carta di credito	Chiusura

6 **Espressioni utili. Completate le espressioni in base all'ascolto precedente.**

1. Vorrei ....

2. .... sabato, allora.

3. A che .... ?

4. .... , un'altra cosa.

5. E domenica, ... ?

7 Prenotare un tavolo. In coppia. Formate minidialoghi con le espressioni utili.

ESEMPI
A: Buonasera, vorrei prenotare un tavolo per due.
B: Per quando?

A: A che nome, scusi?
B: Rossi.

8 Osservate le foto dei piatti.

9 Trovate il nome del piatto.

1. ▓ Spaghetti all'olio e peperoncino
2. ▓ Bistecca alla fiorentina
3. ▓ Involtini di pesce spada
4. ▓ Rotolo di tacchino ripieno
5. ▓ Cosciotto d'agnello
6. ▓ Antipasti di formaggio
7. ▓ Affettati
8. ▓ Macedonia
9. ▓ Gelato
10. ▓ Torta di mandorle

11. ▓ Orecchiette con le cime di rapa
12. ▓ Patate con le cipolle

g rammatica

a, di, con

bistecca **alla** fiorentina
involtini **di** pesce
patate **con** le cipolle

10 "Ti piace?". "Sì, mi piace!"

11 "Che cosa ti piace?". Scrivete una lista di piatti e poi fate le domande.

ESEMPI

A: Ti piacciono le orecchiette?
B: Sì, mi piacciono./Veramente non mi piacciono molto.

A: Le piace il pesce spada?
B: Sì, mi piace./No, non mi piace.

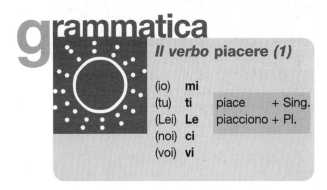

g rammatica

Il verbo piacere *(1)*

(io)	**mi**		
(tu)	**ti**	piace	+ Sing.
(Lei)	**Le**	piacciono	+ Pl.
(noi)	**ci**		
(voi)	**vi**		

12 "Al ristorante". Scegliete la risposta giusta in base all'ascolto.

1. Le persone
   a ☐ hanno un tavolo prenotato
   b ☐ non hanno un tavolo prenotato

2. Le persone
   a ☐ hanno il tavolo vicino alla finestra
   b ☐ hanno il tavolo vicino alla toilette

3. Le persone
   a ☐ ordinano da bere e da mangiare
   b ☐ ordinano solo da bere

4. Le persone
   a ☐ prendono il vino
   b ☐ prendono la birra

🎧 **13** "Il menù". Quali di questi piatti ordinano i clienti? Guardate le foto e scegliete i piatti giusti.

grammatica

Pronomi diretti

	Sing.	Pl.
M	**lo**	**li**
F	**la**	**le**

Prendo **un** digestiv**o** = **lo** prendo
Provo **gli** agnolotti = **li** provo
Provo **la** torta = **la** provo
Prendo **le** seppie = **le** prendo

14 Leggete il minidialogo e ripetete con le possibili varianti.

Mi passi il menù?

Eccolo!

🎧 **15** "Ci porta il conto, per favore?". Vero o falso?

		Vero	Falso
1.	Le due persone prendono il caffè.	▪	▪
2.	Solo uno prende il digestivo.	▪	▪
3.	Pagano il conto con la carta di credito.	▪	▪
4.	Spendono 56 euro.	▪	▪

🎧 **16** Espressioni utili. Completate le espressioni in base all'ascolto precedente.

1. Tutto a .... ?

2. .... è?

3. .... qualcos'altro?

4. .... di no.

5. Che digestivi .... ?

17 Drill. "Un digestivo?" "Sì, grazie, lo prendo". Fate la domanda e date la risposta con il pronome diretto giusto come nell'esempio.

ESEMPIO
A: Della frutta?
B: Sì, grazie, la prendo./No, grazie, non la prendo.

18 In coppia. Fate minidialoghi con le espressioni utili.

ESEMPIO
A: Gradite qualcos'altro?
B: No, grazie, per me niente.

FOCUS di grammatica

Il verbo *piacere*

■ Il verbo **piacere** è usato normalmente alla 3ª persona singolare o plurale:

3ª Sing. = **piace**   3ª Pl. = **piacciono**

• La struttura della frase con il verbo **piacere** è:

1	2	3
a + persona/persone	**piace/non piace**	nome singolare
a + persona/persone	**piacciono/non piacciono**	nome plurale

ESEMPI

1	2	3
A noi	piace	il formaggio
A me	non piace	il pesce spada
A te	piacciono	le orecchiette alla pugliese
A voi	non piacciono	gli agnolotti
A Lei, signora Sardi	piace	questo ristorante?

• **a** + persona/persone può essere sostituito con un **pronome personale**:

(a me) = **mi**
(a te) = **ti**
(a Lei) = **Le**
(a noi) = **ci**
(a voi) = **vi**

La struttura non cambia.

1	2	3
Pronome personale	**piace/piacciono**	nome singolare/nome plurale

• Se la frase è negativa, "**non**" va prima del pronome personale.

1	2	3	4
non	pronome personale	**piace/piacciono**	nome sing./nome pl.

ESEMPI

1	2	3	4
	ci	piace	il formaggio
Non	mi	piace	il pesce spada
	ti	piacciono	le orecchiette
Non	vi	piacciono	gli agnolotti
	Le	piace	questo ristorante?

Mi, ti, le, ci, vi con altri verbi

■ I pronomi personali si usano con molti altri verbi.

ESEMPI

(portare)	Il cameriere **ci** porta il conto.	(**ci** sostituisce *a noi*)
(servire)	Signori, cosa **vi** servo da bere?	(**vi** sostituisce *a voi*)
(prenotare)	Signora, **Le** prenoto un tavolo per sette.	(**Le** sostituisce *a Lei*)
(dare)	Aspetta, **ti** do la mia parte, ecco 30 euro.	(**ti** sostituisce *a te*)
(passare)	Scusa, **mi** passi il menù?	(**mi** sostituisce *a me*)

I pronomi diretti *lo, la, li, le*

■ I pronomi diretti sostituiscono un oggetto in base alla seguente tabella:

	Sing.	*Pl.*
M	lo	li
F	la	le

ESEMPI

Prendo *il pesce spada*	→	*lo* prendo	("*lo*" sostituisce *il pesce spada*, M Sing.)
Prendo *la macedonia*	→	*la* prendo	("*la*" sostituisce *la macedonia*, F Sing.)
Prendo *gli spaghetti*	→	*li* prendo	("*li*" sostituisce *gli spaghetti*, M Pl.)
Prendo *le orecchiette*	→	*le* prendo	("*le*" sostituisce *le orecchiette*, F Pl.)

• La posizione normale dei pronomi diretti è **prima** del verbo:

ESEMPI

A: Vuoi il caffè?
B: Sì, grazie, **lo** prendo volentieri.   (**non** si dice: prendo lo)

A: Avete le seppie?
B: Mi dispiace, signora, oggi non **le** abbiamo.   (**non** si dice: abbiamo le)

• Con i verbi **volere, potere, dovere** + l'**infinito**, i pronomi diretti hanno 2 posizioni:
1. *prima* del verbo + infinito
2. *alla fine* della frase, attaccati all'infinito

ESEMPI

A: Vuoi il caffè?
B: No, grazie, non **lo** posso prendere. (1)
            non posso prender**lo**. (2)

A: Che cosa sono i pizzoccheri?
B: Sono un tipo di pasta fatta con grano saraceno, cotta con verdure, patate e formaggio tipico.
A: Ah, bene, **li** voglio provare. (1)
            voglio provar**li**. (2)

Pratica

19 Completate con *piace* o *piacciono*.

1. A: Ti .... questo ristorante?
   B: Sì, è carino.

2. A: Perché non prendiamo la birra, invece del vino?
   B: Veramente a me non ....

3. A: Che cosa hanno di carne?
   B: Bistecca alla fiorentina, involtini di vitello, tacchino ripieno, carpaccio...
   A: Gli involtini mi ...., li prendo.

4. A: Signora, prende un amaro, una grappa?
   B: No, grazie, non mi .... gli alcolici.

5. A: La specialità del ristorante è il pesce. Prendi una zuppa con me?
   B: No, grazie, il pesce proprio non mi ....

20 Completate con il verbo *piacere* e i pronomi personali giusti.

1. A: .... questo tavolo, Signor Lipari?
   B: Mah, veramente è troppo vicino alla toilette.

2. A: Perché non prende anche Lei un digestivo, signora?
   B: Veramente ....

3. A: Che cosa avete di dolci?
   B: Gelato, tiramisù, torta millefoglie, panna cotta.
   A: No, ..., veramente.

4. A: Com'è il risotto?
   B: Buonissimo! Di solito ...., ma questo è eccezionale.

5. A: Possiamo andare al ristorante spagnolo sabato, ... ?
   B: Come no!

21 Riscrivete le frasi sostituendo i nomi con i pronomi diretti.

1. Oggi non prendo la pasta, non prendo <u>la pasta</u> perché sono a dieta.
   ....

2. Questo tavolo non ci piace, possiamo cambiare <u>il tavolo</u>?
   ....

3. A: Scusi, avete le tagliatelle con gli asparagi?
   B: Mi dispiace, signora, oggi non abbiamo <u>le tagliatelle con gli asparagi</u>.
   ....

4. Questi spaghetti sono molto buoni, vuoi provare <u>questi spaghetti</u>?
   ....

5. A: La specialità del ristorante è la bistecca alla fiorentina.
   B: Va bene, provo <u>la bistecca alla fiorentina</u>.
   ....

22 In coppia. Trovate la domanda o la frase.

1. A: ....
   B: Grazie, la prendo volentieri.

2. A: ....
   B: No, non lo voglio.

3. A: ....
   B: Va bene, possiamo provarli.

4. A: ....
   B: Non so, tu la vuoi?

5. A: ....
   B: Grazie, le assaggio volentieri.

6. A: .... ?
   B: No, di solito non li mangio.

Role play 💬

23 Prenotare un tavolo.

A telefona al ristorante
B risponde dal ristorante

A chiede informazioni per prenotare un tavolo e B risponde con i dettagli. Usate: "Vorrei prenotare...", "A che nome?", "Siete aperti..." ecc.

24 Leggere il menù.

A e B sono due amici al ristorante.

A e B guardano il menù e decidono cosa ordinare da mangiare e da bere. Usate: "Che cosa hanno di..." , "Ti piace / piacciono", "Che cosa prendi..."

25 Chiedere il conto.

A è il cliente
B è il cameriere

A chiede il conto e B cerca di offrire altre cose del menù. Usate: "Gradite qualcos'altro?", "Posso offrire...", "Avete...", "Per me...", "Posso pagare con..."

Pratica libera

26 Il mio ristorante.

La classe si divide in due gruppi, A e B.
I gruppi scelgono una foto di ristorante, scrivono una scheda di pubblicità del locale e inventano il menù.
Alla fine si confrontano in classe le pubblicità e si vota il miglior ristorante.

unità 8

Nei negozi

Per cominciare

1 Leggete il nome dei prodotti.

a. cosmetici

b. vestiti

c. occhiali

d. scarpe e borse

e. libri

f. gioielli e orologi

g. cellulari e computer

h. lavatrice

i. mobili

2 Trovate il negozio che vende i prodotti dell'attività precedente.

1. ▨ gioielleria
2. ▨ profumeria
3. ▨ arredamento
4. ▨ elettrodomestici
5. ▨ elettronica e telefonia
6. ▨ abbigliamento
7. ▨ calzature e pelletterie
8. ▨ libreria
9. ▨ ottica

3 In coppia. "Dove si comprano?". Ripetete il minidialogo con le possibili varianti.

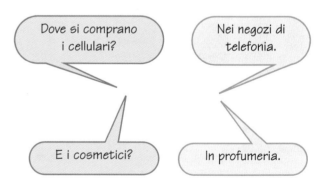

Dove si comprano i cellulari?

Nei negozi di telefonia.

E i cosmetici?

In profumeria.

4 Vocabolario. A quale prodotto si riferisce? Collegate la parola al prodotto/i giusto/i dell'attività 1.

1. taglia ....
2. colore ....
3. numero ....
4. modello ....

5 "Quanto costa?" Completate la griglia con il prezzo dei prodotti.

Prodotto	Prezzo
1 Divano	
2 Macchina	
3 Anello	
4 Giacca	
5 Computer	

6 "Cerchiamo un divano letto". Rispondete alle domande in base all'ascolto.

1. Che divano piace a lei?

   ....

2. Che divano piace a lui?

   ....

3. Quanto vogliono spendere?

   ....

4. Su quale divano chiedono informazioni?

   ....

5. Alla fine comprano o no il divano e perché?

   ....

grammatica

Numeri

Le migliaia

1000	mille
2000	duemila
5000	cinquemila
10000	diecimila
50000	cinquantamila
100000	centomila
1500	millecinquecento
5500	cinquemilacinquecento
25000	venticinquemila
120500	centoventimilacinquecento

grammatica

Dimostrativi

	Aggettivi	Pronomi
(M)	Questo divano	Questo
	Quel divano	Quello
(F)	Questa borsa	Questa

7 Espressioni utili. Completate le espressioni con le parole date.

● disponibile ● pensarci ● un'occhiata ● gentile ● problema ● c'è

1. Possiamo dare .... ?

2. Certo, non c'è ....

3. È .... subito?

4. Vorrei .... un attimo.

5. .... solo in rosso?

6. Molto ....

grammatica

Il verbo piacere *(2)*

mi/ti

Mi piace quel divano rosso.

Non ti piace quella macchina.

Ti piace questa giacca?

Non mi piace questo orologio.

a me/a te

A me piace il rosso, ma a te no.

A te piace quel divano?

No, a me no.

8 In coppia. Usate le espressioni utili in minidialoghi.

ESEMPIO

A: C'è solo in rosso?

B: No, c'è anche in blu e verde.

9 In coppia. Vocabolario. Forme di pagamento. Collegate la forma di pagamento con la definizione.

1. a rate
2. con finanziamento
3. acconto
4. saldo

a. la parte iniziale del pagamento
b. la parte finale del pagamento
c. la banca o la finanziaria aiuta a pagare
d. una parte del pagamento ogni mese

10 Osservate l'assegno.

| 6160-6 02831-6 | Roma | li 23/11/2006 | euro | 7 5 0 , 0 0 |

(805) Filiale n.40 di Firenze - Piazza delle Cure 17/18 r - ITALIA (IT)

BANCA CR FIRENZE S.p.A.

La clausola "non trasferibile" è obbligatoria per trasferimenti superiori a 12.500,00 euro (Legge n. 197/1991).

A VISTA PAGATE PER QUESTO ASSEGNO BANCARIO

euro *Settecentocinquanta/00*

all'ordine *Elettrodomestici Morani Srl*

C/C **4567**

GRUPPO BANCA CR FIRENZE

Maria Borrello

Firma di traenza

11 "Posso pagare con un assegno?". Compilate l'assegno in base all'ascolto.

| 6160-6 02831-6 | | li | euro | , |

(805) Filiale n.40 di Firenze - Piazza delle Cure 17/18 r - ITALIA (IT)

BANCA CR FIRENZE S.p.A.

La clausola "non trasferibile" è obbligatoria per trasferimenti superiori a 12.500,00 euro (Legge n. 197/1991).

A VISTA PAGATE PER QUESTO ASSEGNO BANCARIO

euro

all'ordine

C/C

GRUPPO BANCA CR FIRENZE

Firma di traenza

12 In coppia. "Per il pagamento, come devo fare?". Fate domande e rispondete con le varie forme di pagamento.

ESEMPIO

A: Per il pagamento, posso fare anche a rate?

B: Sì, abbiamo un finanziamento a 24 rate mensili.

FOCUS di grammatica

Mi/ti piace o *a me/a te piace*?

■ In italiano è possibile usare **piace/piacciono** sia con **mi/ti** ecc. che con **a me/a te** ecc.

• Si usano **mi/ti** ecc. nelle *frasi in generale*.

ESEMPI

A: Ti piace il rosso?

B: No, non mi piace molto, preferisco il blu.

A: Vi piacciono i gamberetti?

B: Sì, ci piacciono molto.

• Si usano **a me/a te** ecc. per *distinguere* o *enfatizzare*.

ESEMPI

A: Ti piace il rosso?

B: No, a me non piace molto, e a te?   (*enfatizzo* "me" e *distinguo* "te")

A: A me sì.

A: Vi piacciono i gamberetti?

B: Sì, a noi piacciono molto, e a voi?   (*enfatizzo* "noi" e *distinguo* "voi")

A: A noi no.

Numeri: *le migliaia*

■ 1000 = mille

• Il plurale di mille è "mila".

ESEMPI

2000 = duemila

5000 = cinquemila

10.000 = diecimila

100.000 = centomila

Aggettivi e pronomi dimostrativi: *questo* e *quello*

■ **Questo** si riferisce a oggetti vicini.
■ **Quello** si riferisce a oggetti lontani.

• **Questo** e **quello** sono sia aggettivi sia pronomi.

Aggettivi		
	Sing.	*Pl.*
M	questo quest'	questi
F	questa quest'	queste

Aggettivi		
	Sing.	*Pl.*
M	quel quell' quello	quei quegli
F	quella quell'	quelle

• La forma **quest'** si usa davanti a nomi singolari (M/F) che cominciano per vocale.

ESEMPI
Quest'orologio (M Sing.)
Quest'insalata (F Sing.)

• La forma **quello** per il maschile (M) segue le regole dell'articolo determinativo davanti al nome.

ESEMPI

Sing.		*Pl.*	
il divano	→ quel divano	**i** divani	→ quei divani
l'orologio	→ quell'orologio	**gli** orologi	→ quegli orologi
lo stivale	→ quello stivale	**gli** stivali	→ quegli stivali

Pronomi		
	Sing.	*Pl.*
M	questo	questi
F	questa	queste

Pronomi		
	Sing.	*Pl.*
M	quello	quelli
F	quella quell'	quelle

• I pronomi dimostrativi si usano quando non è necessario ripetere il nome.

ESEMPI
A: Ti piace quel divano rosso?
B: No, preferisco **quello** blu.   (*quello* = quel divano)

A: A me piace quella giacca verde in vetrina.
B: A me no, preferisco **questa** qui bianca.   (*questa* = questa giacca)

Pratica

13 **Completate con le forme corrette di *questo*.**

1. **A:** Ti piace .... orologio?
   B: Mah, non so, mi sembra troppo grande.

2. **A:** Che belle .... scarpe!
   B: Mah, a me non piacciono.

3. **A:** C'è qualcosa che ti piace?
   B: Sì, ... gonna lunga non è male.

4. **A:** Non so se prendere .... armadio bianco o .... marrone.
   B: Mah, sono belli tutti e due.

5. **A:** A te piace .... cucina?
   B: Sì, molto.

14 **Completate con le forme corrette di *quello*.**

1. **A:** Mi piacciono molto .... occhiali.
   B: Quali? .... da sole a sinistra?
   A: No, ... marroni.

2. **A:** Allora, che facciamo?
   B: Mah, direi che va bene .... lavatrice da 600 euro.

3. **A:** Buongiorno, vorrei vedere .... computer in offerta.
   B: Prego.

4. **A:** Allora?
   B: Prendo .... stivali neri e .... scarpe alte.

15 **In coppia. "Mi piace" o "A me piace"? Scegliete la forma appropriata.**

1. **A:** .... piace questo negozio?

B: Mah, non so, ... piacciono di più i centri commerciali.

2. **A:** Che belle cose che hanno qui!
   B: Mah, ... non piacciono, sono tutte brutte e troppo care.
   A: Esagerato! .... non piace mai niente!

3. **A:** C'è qualcosa che .... piace?
   B: Sì, quel cappotto bianco è molto carino.

4. **A:** Non so se prendere quel divano bianco o quello marrone.
   B: No, non .... piacciono, andiamo a vedere un altro negozio.

5. **A:** Ragazzi, ... piace questo colore?
   B e C: Sì, molto.
   D: .... no, è troppo scuro.

16 **In coppia. Trovate la domanda o la frase.**

1. **A:** .... ?
   B: Certo, non c'è problema.

2. **A:** .... ?
   B: No, a me no.

3. **A:** ....
   B: Grazie, molto gentile.

4. **A:** .... ?
   B: No, anche in giallo e blu.

5. **A:** ....
   B: Prego.

6. **A:** .... ?
   B: No, preferisco questo qui.

Role play

17 Chiedere informazioni in un negozio.

A (o A e B) è (sono) il cliente.
C è il commesso.

A entra nel negozio e chiede informazioni su un prodotto. C risponde. Usate:
"Posso aiutarvi?", " Cerchiamo…" , "Vorrei vedere…" , "C'è solo in…" , "È disponibile subito…" ecc.

18 In coppia. Concludere un acquisto.

A è il cliente.
B è il commesso.

A decide di comprare un prodotto e B dà informazioni sul pagamento. Usate:
"Prendo…" , "Come devo fare per il pagamento?", "Può pagare con…", "Posso pagare con…?", " Per la consegna…" ecc.

Pratica libera

19 Il mio prodotto.

La classe si divide in due gruppi, A e B. Ogni gruppo sceglie un prodotto da vendere e scrive la scheda: colore, caratteristiche, prezzo, consegna, forme di pagamento, ecc. Poi si fa il confronto in classe e ogni gruppo commenta il prodotto dell'altro.

unità 9
Tempo libero

Per cominciare

1 **Osservate le foto e completate.**

....

....

giocare a tennis

....

andare in piscina

....

2 Drill. Ascoltate e ripetete.

3 "Preferisco leggere". Osservate le persone e immaginate che cosa fanno nel tempo libero.

ANDREA

anni: 20
lavoro: studente
nel tempo libero gli piace
....

LAURA

anni: 26, single
lavoro: impiegata
nel tempo libero le piace
....

PAOLA

anni: 42, sposata con 2 figli
lavoro: medico
nel tempo libero le piace
....

GIANNI

anni: 36, sposato
lavoro: ingegnere informatico
nel tempo libero gli piace
....

SILVIA

anni: 29, sposata con 1 figlio
lavoro: casalinga
nel tempo libero le piace
....

Ascoltate e controllate le risposte.

4 Ripetete il minidialogo con le possibili varianti.

Cosa fai nel tempo libero?

Di solito vado in palestra.

Io preferisco leggere.

a**ttenzione!**

mi piace
preferisco ⎤+ **verbo infinito**

5 Leggete il testo e rispondete alle domande.

Manuel ha 19 anni, abita a Roma, frequenta la quinta liceo linguistico ed è anche campione di motocross – specialità Enduro.
"Scuola, allenamenti e gare. Ma come fai?".
"Non è facile, è molto faticoso e infatti vado <u>sempre</u> a letto presto".
"Niente TV?".
"<u>Non</u> guardo <u>mai</u> la TV perché non ho tempo. Però ascolto musica, questo sì".
"Oltre alle due ruote hai l'hobby del violoncello, vero?".
"Sì, è vero, suono il violoncello ma non è un hobby... direi che è una vera passione e <u>ogni tanto</u> faccio anche dei concerti".
"Hai altri hobby o passioni?"
"Le lingue. Mi piace moltissimo studiare le lingue. Parlo inglese e spagnolo e in futuro penso di studiare anche il tedesco".
"Hai 19 anni e immagino tanti amici. Hai tempo per loro?"
"In effetti esco <u>raramente</u> con i miei amici ma loro vengono <u>spesso</u> a vedermi correre, sono miei fan e sono fantastici! Comunque la fan numero uno è la mia ragazza, Anna, che però, pensa un po', abita a 400 chilometri..."
"Per complicarti un po' la vita!"
"Eh già!"

	Vero	Falso
1. Manuel è uno studente.		
2. Non gli piace guardare la TV.		
3. Per lui il violoncello è più che un hobby.		
4. Parla tedesco.		
5. Ha molto tempo per gli amici.		
6. Anna vive a Roma.		

6 In base al testo, inserite nel grafico gli avverbi di frequenza.

100%   1. ....

2. ....

3. ....

4. ....

0%   5. non ... mai

7 In coppia. Ripetete il minidialogo con le possibili varianti.

Vai mai al cinema?

Sì, spesso e tu?

grammatica

Verbi irregolari

	fare	andare
io	faccio	vado
tu	fai	vai
lui/lei/Lei	fa	va
noi	facciamo	andiamo
voi	fate	andate
loro	fanno	vanno

8 "Chi è?". Completate le frasi su un foglio. Leggete i fogli dei compagni e indovinate chi è l'autore.

Il mio tempo libero

"Durante la settimana ....
...."

"Il sabato invece ....
...."

"La domenica ....
...."

grammatica

Verbi regolari

	ascoltare	leggere	dormire	preferire
io	ascolto	leggo	dormo	preferisco
tu	ascolti	leggi	dormi	preferisci
lui/lei/Lei	ascolta	legge	dorme	preferisce
noi	ascoltiamo	leggiamo	dormiamo	preferiamo
voi	ascoltate	leggete	dormite	preferite
loro	ascoltano	leggono	dormono	preferiscono

9 Mettete in ordine i giorni della settimana.

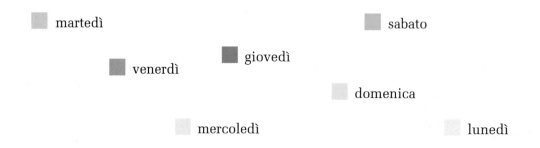

martedì

sabato

giovedì

venerdì

domenica

mercoledì

lunedì

10 Drill. Ascoltate e ripetete.

11 In coppia. Fate minidialoghi con le possibili varianti.

ESEMPIO
A: Che cosa fai sabato?
B: Vado al cinema con Paola. Vuoi venire con noi?

A: Che cosa fai **il** sabato?
B: Di solito esco con gli amici e tu?

attenzione!

martedì = martedì prossimo
il martedì = tutti i martedì

12 "Perché non usciamo?". Dove vanno? Scegliete l'immagine giusta in base all'ascolto.

丝绸之路
**LA VIA DELLA SETA
E LA CIVILTÀ CINESE**
LA NASCITA DEL CELESTE IMPERO

FONDAZIONE CASSAMARCA

CASA DEI CARRARESI, Treviso
22 Ottobre 2005 | 30 Aprile 2006

UniCredit

a

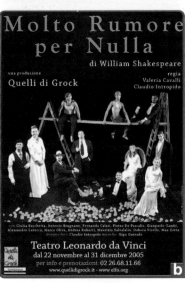

Molto Rumore
per Nulla
di William Shakespeare

una produzione
Quelli di Grock
regia
Valeria Cavalli
Claudio Intropido

Teatro Leonardo da Vinci
dal 22 novembre al 31 dicembre 2005
per info e prenotazioni: 02 26.68.11.66
www.quellidigrock.it - www.elfo.org

b

T1 - La Sindrome di Pantagruel

Dal mondo a Torino
75 giovani artisti
Personali di Takashi Murakami
e Doris Salcedo

11 novembre 2005 - 19 marzo 2006   www.torinotriennale.it

Castello di Rivoli Museo d'Arte Contemporanea
Fondazione Sandretto Re Rebaudengo, Torino
GAM Galleria Civica d'Arte Moderna e Contemporanea, Torino

Fondazione Merz, Torino
"PalaFuksas", Torino
Casa del Conte Verde e Chiesa di Santa Croce, Rivoli

c

13 Scegliete la risposta giusta in base all'ascolto precedente.

1. I ragazzi
   a ▢ organizzano un week end insieme
   b ▢ organizzano una giornata insieme

2. Nina e Françoise
   a ▢ vanno a un concerto di musica latinoamericana
   b ▢ vanno a ballare salsa e merengue

3. A Paul il pesce crudo
   a ▢ piace moltissimo
   b ▢ piace abbastanza

4. Joanna
   a ▢ esce con Antonio e poi va a ballare
   b ▢ esce con Antonio e poi torna a casa

5. I ragazzi
   a ▢ vanno a visitare un museo
   b ▢ vanno a vedere una mostra

6. Paul di pomeriggio
   a ▢ ripassa la lezione del mattino
   b ▢ dorme

14 Espressioni utili. Completate le espressioni con le parole date.

- da morire • perché • senz'altro • fidati

1. .... non usciamo?

2. È un posto carino, ... !

3. Mi piace .... !

4. Io vengo ....

grammatica

Verbi irregolari

	uscire	venire
io	esco	vengo
tu	esci	vieni
lui/lei/Lei	esce	viene
noi	usciamo	veniamo
voi	uscite	venite
loro	escono	vengono

15 Usate le espressioni utili in minidialoghi.

ESEMPIO
A: Il sushi? Mah, non so…
B: È buonissimo, fidati!

16 Lettura. "Il suo hobby? Comprare, comprare, comprare". Rispondete alle domande in base al testo.

" Mio figlio Roberto a 26 anni ha già un lavoro e ha un ottimo stipendio, grazie al cielo. Il problema è questo: il suo hobby è fare shopping con gli amici nei centri commerciali. Niente di male ma sono preoccupato perché tutto quello che guadagna lo spende in vestiti e accessori di marca, oppure novità tecnologiche, anche se ha già tutto. Adesso vuole comprare un videocellulare Mp3 ultimissimo modello che costa 800 euro! Vive ancora in casa e non pensa mai al futuro, per esempio avere una casa sua. Ma come fa se spende tutto? Che posso fare?"

Filippo L. (Bologna)

1. Roberto guadagna molto?

   ....

2. Mette da parte molti soldi?

   ....

3. Roberto vive da solo?

   ....

4. Perché Filippo è preoccupato?

   ....

17 In coppia. "Che posso fare?". Immaginate una risposta a Filippo e confrontatevi con la classe.

18 In coppia. Test: "Scopri se lo shopping ti mette ko".

- spendi fino all'ultimo euro dello stipendio
- compri cose che economicamente non puoi permetterti
- fai assegni superiori al tuo conto in banca
- compri per sentirti meglio
- acquisti oggetti non necessari e sempre più costosi
- non fare shopping ti crea ansia e frustrazione
- l'impulso agli acquisti è sempre più frequente

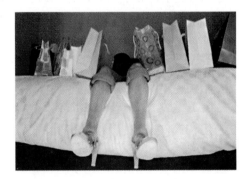

19 "Che ore sono?". Ascoltate l'ora e indicate l'orologio corrispondente.

1

2

3

4

5

6

7

8

20 "Mi scusi per il ritardo!". Completate la tabella in base ai dialoghi.

	Ora	Motivo del ritardo
1		
2		
3		
4		
5		
6		

21 Espressioni utili. Completate le espressioni con le parole date.

● in punto ● sbrigati ● il ritardo ● sa ● non lo sapevo

1. Mi scusi, ... l'ora?

2. Sono le dieci ....

3. Sciopero? .... !

4. .... , è tardi!

5. Mi scusi per ....

22 Drill. Fate minidialoghi con le espressioni utili.

ESEMPIO
A: Mi scusi per il ritardo!
B: Non c'è problema.

FOCUS di grammatica

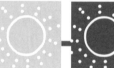

Le preposizioni *a* e *in*

■ Queste preposizioni si possono trovare davanti a parole che indicano dei *luoghi*.

ESEMPI
A: Allora, che facciamo domani sera?
B: Perché non andiamo **al** cinema?

A: Vieni con me **in** piscina?
B: Mah, preferisco restare **a** casa.

Quando si usa **a** e quando **in**? In italiano non esiste una regola precisa e per questo motivo è necessario memorizzare le parole che usano una preposizione o l'altra.

Generalmente si usa **a** con i nomi *maschili* e **in** con i nomi *femminili*.

Si usa **in** con i nomi che indicano un *mezzo di trasporto* (bicicletta, treno, auto ecc.).

Attenzione!

Spesso le preposizioni si usano insieme a un **articolo: al** (a + il), **allo** (a + lo).

a	*al*	*allo*	*in*
casa	cinema	stadio	pizzeria
scuola	ristorante		piscina
teatro	bar		palestra
	supermercato		discoteca
	museo		montagna
	mare		bici
	lago		

ESEMPI

A: Di solito la domenica andiamo fuori città, **al** lago.

B: Noi invece andiamo **in** montagna, a sciare.

A: Che fai domenica?

B: Ah, vado sempre **allo** stadio.

I *verbi regolari*

■ In italiano ci sono 3 coniugazioni di verbi regolari: verbi in **-are**, **-ere**, **-ire** che seguono un modello stabilito e regolare.

	-are	**-ere**	**-ire**
io	-o	-o	-o
tu	-i	-i	-i
lui/lei/Lei	-a	-e	-e
noi	-iamo	-iamo	-iamo
voi	-ate	-ete	-ite
loro	-ano	-ono	-ono

ESEMPI

A: Venite a teatro stasera?   (verbo **venire**-*voi*)

B: No, **restiamo** a casa: c'è la partita di Champions League in TV.   (verbo **restare**-*noi*)

A: Giulia **perde** un sacco di tempo al computer.   (verbo **perdere**-*lei*)

B: Forse non sa usarlo bene. Non ti **chiede** mai aiuto?   (verbo **chiedere**-*lei*)

Attenzione!

Preferire è un verbo regolare in **-ire** che aggiunge *"isc"* alla coniugazione (eccetto la 1ª e 2ª persona plurale).
Allo stesso gruppo appartengono anche i verbi *capire*, *spedire*, *pulire*, *unire*.

Coniugazione	
preferire	***capire***
preferisco	capisco
preferisci	capisci
preferisce	capisce
preferiamo	capiamo
preferite	capite
preferiscono	capiscono

I *verbi irregolari*

- I verbi irregolari non seguono il modello regolare e per questo motivo è necessario studiarli separatamente.
- Le irregolarità generalmente riguardano la **radice** del verbo (cioè la parte iniziale) mentre la parte finale resta simile al modello regolare:

io	-o	*noi*	-iamo
tu	-i	*voi*	-ate / -ete / -ite
lui/lei/Lei	-a / -e	*loro*	-ano / -ono

Attenzione!

Alcuni verbi irregolari, per esempio *andare* e *uscire*, cambiano totalmente la parte iniziale del verbo (eccetto alla 1ª e 2ª persona plurale).

Coniugazione				
fare	***stare***	***andare***	***venire***	***uscire***
faccio	sto	vado	vengo	esco
fai	stai	vai	vieni	esci
fa	sta	va	viene	esce
facciamo	stiamo	andiamo	veniamo	usciamo
fate	state	andate	venite	uscite
fanno	stanno	vanno	vengono	escono

ESEMPI

A: Senti, Nicholas **esce** la domenica? (verbo **uscire**-*lui*)

B: Mah, la mattina **sta** a casa e **fa** i compiti d'italiano. Qualche volta **va** a correre nel parco...

(verbi **stare**-*lui*, **fare**-*lui*, **andare**-*lui*)

A: **Vengono** a trovarti i tuoi genitori? (verbo **venire**-*loro*)

B: Sì, **stanno** a casa mia un paio di settimane. (verbo **stare**-*loro*)

Gli *avverbi di frequenza*

■ Si usano per specificare la **frequenza** di un'azione.

100%	**sempre**
	quasi sempre
	molto spesso
	spesso
	abbastanza spesso
	qualche volta/ogni tanto
	raramente
	non ... quasi mai
0%	**non ... mai**

Attenzione!

Generalmente gli avverbi di frequenza si mettono **dopo** il verbo (eccetto **qualche volta/ogni tanto**).

ESEMPI

A: Secondo le statistiche, i ragazzi italiani **non** vanno **quasi mai** all'opera.
B: Beh, in effetti io **non** ci vado proprio **mai**!

A: Vai mai a teatro?
B: Sì, ci vado **abbastanza spesso**, un paio di volte al mese.

A: È vero che gli italiani mangiano **sempre** la pasta?
B: Mah, in passato sì, senz'altro. Oggi io direi **spesso**.
A: Eh sì, siete **sempre** a dieta!

Si usano **di solito** e **generalmente** per segnalare un'abitudine. La posizione è **prima** del verbo.

ESEMPI

A: Che fate la sera?
B: Beh, io **di solito** guardo la TV, mia moglie invece legge.

A: La domenica **generalmente** preferisco uscire.
B: Anch'io.

Chiedere la *frequenza di un'azione*

■ Si usa l'avverbio **mai** che in questo caso non ha un significato di negazione.

ESEMPI

A: Vai **mai** al cinema?
B: Sì, ci vado molto spesso, dopo il lavoro.

A: Giochi **mai** a scacchi?
B: A scacchi? No, è troppo difficile!

Chiedere le *ore*

■ Per chiedere le ore è possibile usare anche i verbi **saper dire** e **poter dire**.

• Generalmente in italiano le domande più brevi sono anche le più informali e si usano tra amici.

ESEMPI

Informali

A: Che ore sono?
B: È l'una.

A: Che ora è?
B: Le sette.

A: Sai l'ora?
B: Sono le cinque.

Più gentili, formali

A: Scusa, sai che ore sono?
B: Le nove e mezza.

A: Scusa, mi puoi dire l'ora?
B: È mezzogiorno.

A: Scusi, mi può dire l'ora, per favore?
B: Certo. È mezzogiorno.
A: La ringrazio.

Per rispondere si usa il verbo **essere** alla terza persona plurale + l'articolo **le**.
Per "mezzogiorno", "mezzanotte", "l'una" (parole singolari) si usa il verbo *essere* alla terza persona singolare.
È anche possibile omettere il verbo.

ESEMPI

A: Scusa, che ore sono?
B: (**Sono**) **le** tre e mezza.

A: Sono proprio stanco, ma che ore sono?
B: (**È**) **mezzanotte**.

In Italia esiste anche un modo formale di dire l'ora: è l'**orario ufficiale**, cioè l'uso delle 24 ore.
Dopo le ore 12 infatti si usano: le 13.00 (le tredici), le 14.00 (le quattordici), le 15.00 (le quindici) ecc., fino alle 24.00 (le ventiquattro). Si usa questo orario ufficiale in contesti formali, pubblici (TV, stazione, aeroporti) o di lavoro.
Nella vita quotidiana invece si preferisce l'uso delle 12 ore.

ESEMPI

A: Vorrei fissare un appuntamento con l'avvocato.
B: Va bene domani alle 16.00?

A: Signori e signore, buonasera. Alle 21.00 andrà in onda il film *Titanic* e alle 23.30 il telegiornale.

A: Attenzione prego, il treno delle 17.30 è in ritardo di 20 minuti.

Pratica

23 "Che cosa fai nel tempo libero?". Completate con la parola giusta.

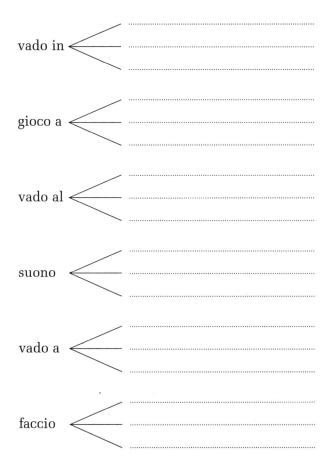

vado in

gioco a

vado al

suono

vado a

faccio

24 Completate i dialoghi con i verbi regolari.

• capire • dormire • uscire • guardare (2)
• pulire • volere • aprire • scrivere • ascoltare

1. **A:** Ogni volta che cucino qualcosa per il mio ragazzo, lui .... !
   B: Perché non fai un corso di cucina?

2. **A:** Luca, Fabio... non .... mai la vostra stanza, non .... mai un libro, ... troppo la TV, e quando vi parlo non mi .... mai!
   B e C: Sì, mamma... Cosa?

3. **A:** Quando vado a vedere un film in inglese non .... niente!
   B: Non ti preoccupare, è una questione di allenamento.

4. **A:** .... un cartone animato?
   B: No, scusa, i bambini .... andare al parco.

5. **A:** Sai che Carlo .... poesie?
   B: Ma dai, veramente?

6. **A:** Sai che i gatti .... fino a 16 ore al giorno?
   B: Come mio fratello!

25 Completate i dialoghi con i verbi irregolari.

1. **A:** Che fate il prossimo week end?
   B: Noi .... a sciare e voi?

2. **A:** Allora, restate a casa o .... ?
   B: .... , andiamo al cinema. .... con noi?

3. **A:** Che .... di solito nel tempo libero?
   B: Beh, noi .... sport. Io .... in bici e Giulia .... a tennis.

4. **A:** Chi .... con noi in discoteca?
   B: Io .... senz'altro!

5. **A:** Silvia, come .... i bambini?
   B: Benissimo, grazie.

6. **A:** Ciao Marco, io ....
   B: E dove vai?

26 "Che ore sono?". Completate le risposte sotto gli orologi.

1. .... le .... in punto

2. .... le dieci e ....

3. È ....

4. Sono le .... meno ....

5. .... sei .... venti

6. .... mezzogiorno/mezzanotte

27 Scrivete *a, al, allo, in* prima della parola.

1. .... discoteca

2. .... stadio

3. .... scuola

4. .... ristorante

5. .... bicicletta

6. .... palestra

7. .... casa

8. .... cinema

9. .... treno

10. .... mare

28 Trovate la domanda o la risposta.

1. A: .... ?
   B: Sì, ci vado abbastanza spesso.

2. A: .... ?
   B: Mah, preferisco leggere.

3. A: Che fai il sabato sera?
   B: ....

4. A: .... ?
   B: No, mai.

5. A: .... ?
   B: Certo. Sono le quattro e un quarto.
   A: La ringrazio.

6. A: .... ?
   B: Le nove.

Role play

29 L'intervista.

A è un giornalista
B è un passante

A deve scrivere un articolo sul tempo libero nei vari Paesi del mondo e **B** dà informazioni su come passa il tempo libero nel proprio paese. Usate:
"Va mai...?", "Cosa fa...?", " Di solito...", " Preferisco..." ecc.

Pratica libera

30 Organizzare il sabato.

Dividete la classe in due gruppi. Ogni gruppo deve organizzare la giornata per tutta la classe. Alla fine si confrontano i risultati e si sceglie un programma comune a tutti.

31 "Il mio hobby preferito".

Dividete la classe in gruppi. Immaginate di essere le persone della foto. A turno fate domande per conoscervi e per sapere che cosa fate nel tempo libero.

unità 10

Inviti e appuntamenti

Per cominciare

1 Osservate le foto.

2 **In coppia. Provate a rispondere alle seguenti domande.**

1. Dove sono le persone nelle foto?
2. Chi sono?
3. Perché sono lì?
4. Che cosa fanno?

3 **Leggete e ripetete.**

4 **Formale o informale? Collegate le frasi delle due liste e dite se la situazione è formale o informale.**

A	B
1. Ti va di venire al bar?	a. Grazie, molto gentile!
2. Vuole unirsi a noi?	b. Mi dispiace, scusa, non posso.
3. Prendi una birra?	c. Mi dispiace, scusi, non posso.
4. Vuoi venire con noi?	d. Sì, volentieri!
5. Le va un caffè?	e. La ringrazio, ma ho già un impegno.
6. Andiamo a cena fuori?	f. No, grazie, sarà per un'altra volta.

5 **In coppia: "Ti va di...?" / "Le va di...?". Fate una lista di inviti. A turno invitate il compagno e rispondete all'invito.**

ESEMPI
A: Ti va di andare a un concerto?
B: Sì, perché no?

A: Le va di venire con noi al ristorante sabato?
B: La ringrazio, ma purtroppo non posso.

grammatica

Inviti
con il verbo andare

mi
ti   **va** + **nome**
Le   **di** + *infinito*
vi

ESEMPI
A: Ti va **il ristorante** cinese?
B: No, grazie, oggi no.

A: Le va **di** *fare* due passi?
B: Sì, perché no?

6 "Tu vieni, vero?". Ascoltate i due inviti e completate la tabella delle informazioni.

	Invito formale o informale	Motivo dell'invito	Risposta positiva o negativa	Motivo del rifiuto
Invito 1				
Invito 2				

7 Espressioni utili. Completate le espressioni in base all'ascolto precedente.

1. .... per un'altra volta.

2. .... , certo, mi dispiace...

3. Ah, meno .... !

4. .... proposito...

5. Tantissimi .... !

8 Drill. Fate minidialoghi con le espressioni utili.

ESEMPIO
A: A proposito, vieni alla festa di Marina?
B: Mi dispiace, ho già un impegno.

9 "Che gentile!". Unite le frasi.

grammatica

Esprimere emozioni

Che + aggettivo / nome

ESEMPI
A: Questo è per te.
B: Che **gentile**! Grazie!

A: Guarda, 20 euro per terra!
B: Che *fortuna*!

A	B
1. Questo è per te. Buon compleanno!	a. Che fortuna!
2. Vuole un passaggio in macchina?	b. Che guaio! Sono già in ritardo...
3. Sai? Io e Marco aspettiamo un bambino...	c. Che carini! Grazie a tutti!
4. Signora, la strada è bloccata, non si può passare	d. Che gentile, grazie, volentieri!
5. È l'ultimo posto libero!	e. Che peccato!
6. Mi dispiace, signora, è finito il pescespada.	f. Che bello! Tantissimi auguri!

10 "Che fortuna!". Scrivete una lista di espressioni con "Che...!" e chiedete ai compagni di trovare la frase precedente.

ESEMPI

| .... | Che fortuna! | Guarda! Un parcheggio libero in centro! | Che fortuna! |

11 Formale o informale? Osservate gli inviti e decidete.

La S.V. è invitata all'inaugurazione della nuova sede del

Centro del Gelato

Il giorno 6 maggio
a Locate Triulzi
Ore 15.00

CENTRO DEL GELATO
di Carmine Santangelo
Locate Triulzi
Via Provinciale 124
Aperto tutti i giorni
Dalle 10:00 alle 21:00

Ciao Angelo!
Sei invitato alla festa di inaugurazione della nostra nuova casa

Giovedì 30 settembre
Via Monti 16
dalle 21:00 in poi
Porta un amico e da bere!
Laura e Simone

Il 23 ottobre alle 21:00
al "Nano Gigante"
festeggio i miei primi
18 anni
con tutti gli amici
come te!
Ti prego di confermare
al numero
349 5674531

Ferdinando D'Elia
Mariangela Pagnozzi
Annunciano il loro matrimonio
Domenica 14 febbraio
ore 11.00
Parrocchia San Matteo
Torgiano
Via Garibaldi, 34 - Torgiano

Dopo la cerimonia saremo lieti
di festeggiare insieme
Al Castello Vecchio del Monte
S. Anatolia di Narco (Pg)

È gradita la conferma

12 A quale invito si riferisce? Trovate l'invito nell'attività 11 corrispondente alla seguente risposta.

Ti ringrazio per l'invito, ma purtroppo dobbiamo andare fuori città per motivi di famiglia.
Ti mando questo pensiero e ti auguro cento di questi giorni

BUON COMPLEANNO!

Federico

13 "Purtroppo non possiamo perché dobbiamo...". Scrivete una lista di scuse per rifiutare un invito.

1. ....

2. ....

3. ....

4. ....

5. ....

grammatica

Verbi modali
il plurale

	potere	dovere	volere
1ª pl. (noi)	possiamo	dobbiamo	vogliamo
2ª pl. (voi)	potete	dovete	volete
3ª pl. (loro)	possono	devono	vogliono

14 In gruppo. Invitate e rifiutate gli inviti.

ESEMPIO

A: Sabato è il mio compleanno. Volete venire alla festa?

B: Oh, che peccato! Sabato non possiamo perché dobbiamo partire.

15 Osservate l'agenda del manager.

OTTOBRE

Lunedì	Martedì	Mercoledì	Giovedì	Venerdì	Sabato	Domenica
2	3	4	5	6	7	8
10:15 Dentista	11:00 Riunione direttori vendite	13:30 Pranzo con il responsabile negozio di Roma	9:00 – 17:00 Riunione direttori generali a Londra	8:30 Banca Popolare per nuovo conto corrente 13:00 – 14:30 Inglese	10:00–13:00 Visita Golf Club per convegno 13:30 Pranzo al Golf Club	
16:00 Incontro con i rappresentanti	17:15 Colloquio con candidato per il posto di responsabile vendite	18:00 Aeroporto: volo per Londra	20:45 Aeroporto: volo per Milano	16:30 Video-conferenza con Londra		16:00 Partita di golf
21:00 Cena con i rappresentanti						

16 "È libero lunedì mattina?". In coppia. Fate la domanda e rispondete in base all'agenda.

ESEMPIO

A: Il dottore è libero lunedì mattina?
B: Purtroppo no, lunedì alle 10:15 ha un appuntamento dal dentista

grammatica

L'orario

a
da ... a }> + orario

ESEMPI

A: **A** che *ora* sei libero martedì?
B: **Alle** *15:00*.

A: **A** che *ora* hai la lezione d'inglese?
B: **Dalle** *13:00* **alle** *14:30*.

grammatica

Da, in, a

da + persone
in/a + luoghi

ESEMPI

Ha un appuntamento **dal** dentista.
Ha un incontro **a** Londra.
Ha una riunione **in** ufficio.

17 " Facciamo martedì?". Completate la tabella con le informazioni in base all'ascolto.

	Motivo dell'appuntamento	1ª proposta di giorno e orario	Motivo del rifiuto della 1ª proposta	Giorno e orario definitivo dell'appuntamento
Appuntamento 1				
Appuntamento 2				
Appuntamento 3				

18 Espressioni utili. Completate le espressioni in base all'ascolto precedente.

1. .... no.

2. Allora, ...

3. Tu ci .... ?

4. Ah, ... , dimenticavo!

5. .... la settimana prossima?

19 Completate i minidialoghi con le espressioni utili.

1. A: Domani c'è la festa di Roberto. .... ?
   B: Sì, certo.

2. A: È libero giovedì della prossima settimana?
   B: .... , sarò fuori città per lavoro.

3. A: Vieni anche tu alla riunione?
   B: No, devo fare il colloquio con il candidato alle 15:30.
   A: ....

4. A: Mi dispiace, il dottore ha già un appuntamento per venerdì.
   B: .... ?
   A: .... , sì, le va bene mercoledì alle 16:30?
   B: Perfetto, grazie.

grammatica

Alcune forme del futuro

	essere	*avere*
1ª Sing. (io)	sarò	avrò
2ª Sing. (tu)	sarai	avrai
3ª Sing. (lui/lei)	sarà	avrà

ESEMPI

L'avvocato **sarà** fuori città tutta la settimana prossima.

Avrò molte riunioni questo mese.

20 **"Una settimana da manager". In coppia o gruppi. Scrivete un'altra settimana dell'agenda del manager come nell'attività 15 e poi a turno fissate appuntamenti in base alla disponibilità.**

ESEMPIO

A: Le va bene martedì per la riunione?

B: Vediamo… a che ora?

A: Facciamo alle 10:00?

B: Alle 10:00 ho un appuntamento, è possibile verso le 12:00?

A: Va bene, diciamo alle 12:15.

FOCUS di
grammatica

Il verbo *volere* per gli inviti

■ Per invitare normalmente si usa il verbo **volere** (+ *nome/infinito*).

ESEMPI

A: Signora, **vuole** *unirsi* a noi per il pranzo?   (*volere + infinito*)

B: Grazie, molto gentile!

A: Ragazzi, **volete** *una birra*?   (*volere + nome*)

B e C: Grazie, volentieri.

A: Allora, **vogliamo** *andare* tutti con la mia macchina?   (*volere + infinito*)

B e C: Sì, buona idea.

Coniugazione	
io	voglio
tu	vuoi
lui/lei/Lei	vuole
noi	vogliamo
voi	volete
loro	vogliono

Il verbo *andare* per gli inviti

■ Per **invitare** si può anche usare la seguente struttura:

$$\left.\begin{array}{c} \textbf{ti} \\ \textbf{Le} \\ \textbf{vi} \end{array}\right\} + \textbf{va} + \begin{array}{l} nome \\ di + infinito \end{array}$$

ESEMPI

A: Angelo, **ti va** di venire con noi al ristorante?   (**ti** = *a te, Angelo*)

B: Grazie, vengo volentieri.

A: Signora, **Le va** un caffè?   (**Le** = *a Lei, signora*)
B: No grazie, non lo prendo mai.

A: Ragazzi, **vi va** di vedere un film?   (**vi** = *a voi, ragazzi*)
B e C: Sì, buona idea!

Attenzione!

La stessa struttura indica anche **preferenza**.

ESEMPI
A: Andiamo al cinema, stasera?
B: No, <u>non mi va</u>, sono stanca.   (non mi va = *preferisco di no*)

A: Prendiamo il vino?
B: No, oggi <u>mi va</u> la birra.   (oggi mi va = *oggi preferisco*)

I *verbi modali* per rifiutare un invito

■ Per **rifiutare** un invito e **dare spiegazioni** si possono usare i verbi **dovere** e **potere** (+ *infinito*).

ESEMPI
A: Ragazzi, volete fermarvi a cena?
B: Purtroppo **non possiamo, dobbiamo tornare** a casa presto.
A: Che peccato! Sarà per un'altra volta.

A: Signor Bianchi, vuole venire anche Lei?
B: La ringrazio, ma purtroppo **devo essere** in ufficio prima delle 16:00.

	Coniugazione	
	dovere	*potere*
io	devo	posso
tu	devi	puoi
lui/lei/Lei	deve	può
noi	dobbiamo	possiamo
voi	dovete	potete
loro	devono	possono

Le preposizioni *da*, *a*, *in*

■ Come già visto (*unità 2, 4, 6*), **a** e **in** indicano *luoghi*.

ESEMPIO
A: Volete venire **al** *bar* con noi?
B e C: Non possiamo, dobbiamo tornare **in** *ufficio*.

• Però, se si indica una **persona**, è necessario usare **da**.

ESEMPI
A: Volete venire **da** *Paolo* con noi?   (da Paolo = *a casa di Paolo*)
B e C: Non possiamo, dobbiamo andare **dal** *dentista*.   (dal dentista = *nello studio del dentista*)

A: Andiamo a prendere un caffè?

B: Mi dispiace, ho un appuntamento **dall'**avvocato.   (dall'avvocato = *nello studio dell'avvocato*)

- **a** e **da** si usano anche per gli **orari**
- **a** indica un orario **preciso**

ESEMPIO

A: A che ora sei libero, giovedì?

B: Alle *13:00.*   (*orario preciso*)

- **da** indica l'inizio di un **intervallo di tempo** e si usa insieme con **a**

ESEMPIO

A: A che ora sei libero, giovedì?

B: Dalle *13:00* **alle** *15:00.*   (*intervallo di tempo*)

Attenzione!

Ricordiamo che gli orari sono generalmente al femminile plurale.

All**e** dodici e trenta (12:30)
Dall**e** quattro all**e** cinque e un quarto (16:00 – 17:15)

ECCEZIONI

A mezzogiorno/mezzanotte	**All'**una
Da mezzogiorno/mezzanotte	**Dall'**una

Il *futuro* per agende e appuntamenti

■ In italiano, è comune usare il *presente con un'idea di futuro.*

ESEMPI

A: Ci *sei* martedì prossimo?

B: Martedì? No, *sono* a Francoforte e *ritorno* sabato.   (*si usa il presente, ma si parla del futuro*)

A: *Vieni* alla festa domani?

B: Purtroppo no, domani *vado* a Roma per lavoro.

- Però, è normale usare il **futuro** per *programmi fissati* da tempo in caso di *eventi ufficiali.*

ESEMPI

A: È libero l'avvocato la prossima settimana?

B: No, la prossima settimana **sarà** a Londra per tre giorni e poi **avrà**
una riunione importante a Parigi.   (*programmi fissati da tempo*)

A: Quand'è il matrimonio di Luisa?

B: Il 24 maggio.

A: E dove **sarà**?

B: Al paese di sua madre. Ci **sarà** un ricevimento per almeno 200 persone, fra parenti e amici.

Pratica

21 Completate i dialoghi con la forma giusta di *volere*, *potere* o *dovere*.

1. A: Ciao, ragazzi! Finito di lavorare?

    B e C: Ma no, facciamo una pausa per fumare. Tu dove vai?

    A: Al bar, ho bisogno di un caffè. .... venire anche voi?

    B e C: Grazie, ma abbiamo una collega malata, ... fare anche il suo lavoro...

    A: Ho capito, avete tempo solo per le sigarette!

2. A: Lunedì c'è l'inaugurazione di un bar vicino a casa mia, è tutto gratis.

    B: Che bello! .... andarci?

    A: Sì, però .... lavorare fino alle 19:00.

    B: Va bene, ... andare verso le 20:00, ti va bene?

    A: Sì, benissimo.

3. A: A proposito, Silvia fa il compleanno giovedì.

    B: Ah, sì? Fa qualcosa?

    A: Sì, ... invitare tutto l'ufficio in pasticceria, o qualcosa del genere.

    B: Allora .... fare un regalo.

    A: Eh, sì.

4. A: Signora, l'avvocato è in riunione. .... aspettare?

    B: Purtroppo non .... , ho un impegno.

    A: Mi dispiace. .... fissare un altro appuntamento per questa settimana?

    B: Questa settimana è difficile, ... andare fuori città. Magari la prossima.

    A: Va bene, quando ....

22 Rispondete con una scusa.

1. A: Ti va di sentire un concerto sabato?

    B: ....

2. A: Signora, vuole unirsi a noi?

    B: ....

3. A: Venite anche voi, vero?

    B: ....

4. A: Vogliamo andare a cena fuori?

    B: ....

5. A: Ci sei alla riunione di venerdì, vero?

    B: ....

6. A: Le va di bere qualcosa?

    B: ....

23 Completate con *a* o *da*.

1. A: .... che ora finisci di lavorare?

    B: Di solito .... 19:00.

2. A: Vieni anche tu con noi .... Piero?

    B: Purtroppo non posso, devo andare .... meccanico a prendere la macchina.

3. A: Finito di lavorare?

    B: Eh, sì, io faccio il part-time, lavoro .... 8:30 .... 13:30.

    A: Ho capito. E adesso dove vai?

    B: .... bar, vuoi venire?

    A: Non posso, devo sostituire Mara .... reception.

4. A: Venite anche voi .... ristorante sabato?

    B: No, andiamo .... nuova vicina. Fa una festa per l'inaugurazione dell' appartamento.

5. A: Hai un momento?
   B: Veramente ho una riunione fra cinque minuti.
   A: Ah, va bene. Quando hai finito, puoi venire .... me?

6. A: Ciao, sei ancora .... lavoro?
   B: Eh, sì.
   A: Senti, noi .... 21:00 ci vediamo .... pub di Via Brambilla, vuoi venire?
   B: Volentieri, grazie.

24 Trovate impegni per tutta la settimana.

1. A: Sei libero lunedì?
   B: ....

2. A: Signorina, l'avvocato c'è martedì?
   B: ....

3. A: Ci vediamo mercoledì?
   B: ....

4. A: Posso fissare la visita con il dottore giovedì?
   B: ....

5. A: Facciamo venerdì?
   B: ....

6. A: Le va bene sabato?
   B: ....

7. A: Tu ci sei domenica?
   B: ....

Role play

25 Un invito insistente.

A vuole invitare B.
B vuole rifiutare l'invito.

A invita B, ma B trova una scusa. A deve insistere nell'invito e B deve trovare sempre nuove scuse. Usate espressioni come: "Vuoi, vuole…", "Purtroppo non posso, devo…", "Allora facciamo un altro giorno…", "Mi dispiace, ho un impegno…", "Magari possiamo…", "Sarà per un'altra volta", "Che peccato!" ecc.

26 Spostare un appuntamento.

A deve spostare un appuntamento.
B deve controllare la sua agenda.

A e B preparano la propria agenda per una settimana. A chiede a B di spostare un appuntamento. B controlla la sua agenda e propone un giorno e un orario. Usate espressioni come: "Purtroppo devo…", "Possiamo fare…", "Le va bene/Ti va bene…", "Avrò…", "Sarò…", "Diciamo…" ecc.

Pratica libera

27 L'agenda dei Vip.

Si divide la classe in due gruppi, A e B. I gruppi scelgono un personaggio famoso e immaginano i suoi impegni di una giornata o di una settimana. A e B si fanno domande a turno sull'agenda del proprio "Vip". Vince l'agenda più fantasiosa.

unità **11**

Appartamenti e alloggi

Per cominciare

1 Osservate l'annuncio.

2 **Rispondete alle seguenti domande.**

1. Che cosa vendono?

....

2. Quanto costa?

....

3. Chi bisogna chiamare per informazioni?

....

3 **Che differenze ci sono? Osservate le foto e trovate le differenze fra i due appartamenti.**

1.

AD.ZE SANTA RITA

In palazzina di recente costruzione bellissimo quadrilocale di 125 mq ca., con ampio soggiorno, cucina abitabile, tre camere, doppi servizi, ripostiglio, cantina e box doppio. **Terrazzo di 25 mq, piano alto!!!**

Trattative Riservate

2.

P.ZZA REPUBBLICA adiacenze

In VENDITA, bilocale composto da: ingresso, soggiorno, cucinotto, camera, servizio, balcone, da ristrutturare.

Appartamento 1	Appartamento 2

4 **Vocabolario. Trovate negli annunci dell'attività 3 le seguenti definizioni.**

1. appartamento con 2 stanze ....
2. appartamento con 4 stanze ....
3. cucina grande ....
4. piccola cucina ....
5. due bagni ....
6. appartamento quasi nuovo ....
7. appartamento in cattive condizioni ....
8. vicino a ....

5 Leggete i dialoghi.

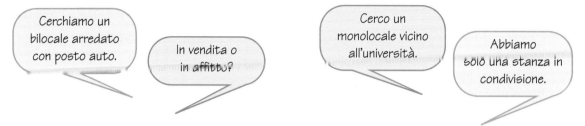

Cerchiamo un bilocale arredato con posto auto.

In vendita o in affitto?

Cerco un monolocale vicino all'università.

Abbiamo solo una stanza in condivisione.

6 Ripetete i dialoghi in coppia con le possibili varianti.

ESEMPIO

A: Cerco un bilocale con box.
B: Abbiamo solo un monolocale.

A: Cerchiamo un quadrilocale con giardino.
B: In vendita o in affitto?

7 "Spese comprese?". Completate la tabella in base alle telefonate.

	Affitto/Vendita	Prezzo	Spese comprese	Cauzione/spese di agenzia	Libero subito
1					
2					
3					
4					
5					

8 Drill. Formate minidialoghi.

ESEMPIO

A: Le spese sono comprese?
B: No, sono 150 euro al mese.

A: È libero subito?
B: Da giugno.

9 "Telefono per l'annuncio". Osservate gli annunci e dite quale si riferisce alla telefonata.

STUDIO FAVA	**MEDIO TEMPO R.E.**	**MILLECASE**
Via Cagliero	Adiacenze metropolitana	A soli 30 minuti dal centro città
Ampio monolocale con cucina abitabile, bagno, balcone. In stabile con giardino condominiale	Ottimo bilocale arredato con ingresso, soggiorno con angolo cottura, ampia camera, bagno, ripostiglio Da vedere!	Due locali sito al primo piano, con ampio soggiorno, climatizzato Possibilità posto auto
Euro 730,00 Spese incluse	Tel. 02 /6701063	Trattative riservate
Tel. 360 /785816		Tel. 011 /546987
1	**2**	**3**

10 Espressioni utili. Completate le espressioni in base all'ascolto precedente.

1. .... dica!

2. Vorrei .... informazioni.

3. .... interessa.

4. .... posso richiamare?

5. .... ringrazio.

11 Inserite le espressioni utili.

1. A: ....
   B: Sì, ...

2. A: È un ampio monolocale arredato con balcone.
   B: Sì, ...

3. A: ....
   B: Certo.
   A: ....

grammatica

La/Le

La = Lei   **Le** = a Lei

ESEMPI
Va bene, signor Rossi, **La** *richiamo* domani.

Un attimo, signora, **Le** *passo* la mia collega.

12 In coppia. Ricostruite e ripetete i 4 dialoghi al telefono.

Certo, però Le consiglio di non aspettare troppo.

Mi può dire quanto viene?

Sì, Le passo la collega.

Se Le interessa possiamo fissare un appuntamento.

Telefono per l'annuncio.

La posso richiamare?

Sì, La ringrazio.

Purtroppo non Le posso dare queste informazioni.

13 "Com'è?". Scrivete le caratteristiche degli appartamenti in base alla conversazione.

	Vantaggi	Svantaggi
Appartamento 1		
Appartamento 2		
Appartamento 3		

grammatica

Per descrivere

Com'è + sing.
Come **sono** + pl.

ESEMPI

Com'è *l'appartamento*?
È molto piccolo.

Come **sono** *i prezzi* in centro?
Sono molto alti.

grammatica

Comparativi

Più
Meno >+ aggettivo + **di**

ESEMPI

Il monolocale **è** *più piccolo* **del** bilocale.

Il bilocale in condivisione è **meno** *pratico* **del** monolocale.

grammatica

Ordinali

1°	primo	7°	settimo
2°	secondo	8°	ottavo
3°	terzo	9°	nono
4°	quarto	10°	decimo
5°	quinto	11°	undicesimo
6°	sesto	12°	dodicesimo

ESEMPI

L'appartamento è al sesto piano.

La cucina è la prima stanza sulla sinistra.

14 Trovate i contrari.

1. comodo
2. spazioso
3. vecchio
4. economico
5. brutto
6. servito
7. luminoso
8. arredato
9. silenzioso
10. prestigioso

a. isolato
b. buio
c. vuoto
d. rumoroso
e. piccolo
f. scomodo
g. caro
h. popolare
i. nuovo
l. bello

15 Attività. Osservate le foto e fate confronti.

VIA GIOVANNI DA PROCIDA ADIACENZE
appartamento
mq.108

PIAZZALE AQUILEIA ADIACENZE
bilocale
in casa
d'epoca

CORSO SEMPIONE ADIACENZE
trilocale
mq.120

VIA SOLARI
bella
mansarda
in casa
d'epoca
mq.125

VIA CARACCIOLO
attico
con
terrazzo

VIA CANONICA ADIACENZE
appartamento
mq.150
nel verde

16 In coppia. "Com'è la tua casa?" Intervistate il compagno e riferite alla classe.

17 "Le consiglio...". Leggete le informazioni sulle persone e consigliate un appartamento.

1. FABIO

Studia all'università. Ha lezione fino alle 16:00. Il fine settimana torna a casa dalla famiglia.

2. SOFIA E ARMANDO

Sono pensionati, con figli grandi sposati. Vivono in un appartamento che ormai è troppo grande per loro.

3. JASMINE

Lavora in centro, non è sposata e ha un cane. Non ha la macchina. La sera esce spesso.

4. PIETRO ED ELISABETTA

Lavorano tutti e due. Hanno un bambino di 1 anno. Vivono in un bilocale in centro che adesso è troppo piccolo per la famiglia.

FOCUS di grammatica

La e *Le*

■ **La** e **Le** sostituiscono il **Lei** formale, con questa differenza:

La = Lei
Le = **a** Lei

La scelta del pronome dipende dal **verbo**: alcuni verbi usano **a** prima della persona, altri verbi no.

ESEMPI

*Verbi senza **a***	*Verbi con **a***
Chiamare	Dire
Richiamare	Parlare
Ringraziare	Telefonare
Salutare	Consigliare
	Passare
	Dare

A: Signora, **La** richiamo fra una settimana per fissare un appuntamento.   (**La** richiamo = *richiamo Lei, signora*)
B: **La** ringrazio, signorina, arrivederci.   (**La** ringrazio = *ringrazio Lei, signorina*)

A: Signor Bianchi, **Le** passo la mia collega.   (**Le** *passo* = passo a Lei, signor Bianchi)
B: Grazie.

A: Conosce una buona agenzia immobiliare?
B: Provi la "Centocase". **Le** do il numero: 011 567876   (**Le** *do* = do a Lei)

A: Allora, a giovedì.
B: **La** saluto.   (**La** *saluto* = saluto Lei)

Numeri ordinali

■ I numeri ordinali da 1 a 10 hanno forme proprie:

1°   Primo
2°   Secondo
3°   Terzo
4°   Quarto
5°   Quinto
6°   Sesto
7°   Settimo
8°   Ottavo
9°   Nono
10°   Decimo

Per tutti gli altri, si aggiunge **"-esimo"** al numero normale senza la vocale finale.

ESEMPI

undici + esimo = undicesimo (11°)
venti + esimo = ventesimo (20°)
trentaquattro + esimo = trentaquattresimo (34°)

Attenzione!

I numeri ordinali sono anche **aggettivi**, perciò devono concordare con il nome in genere e numero.

ESEMPI

La cucina è la second**a** stanz**a** a destra.
(F Sing.)

Il nostro ufficio è al dodicesim**o** pian**o**.
(M Sing.)

Tutti i prim**i** pian**i** del complesso residenziale sono uffici e negozi. (M Pl.)

Queste sono le quart**e** villett**e** a schiera che vendiamo. (F Pl.)

Com'è e come sono

Com'è   + Sing.
Come sono + Pl.

■ "Com'è" e "Come sono" introducono la **descrizione** di qualcosa.

ESEMPI

A: **Com'è il** tuo appartament**o**?
B: Non è molto grande, ma è luminoso e comodo.   (*descrizione dell'appartamento*)

A: **Come sono le** camer**e** da letto?
B: Sono piccole, purtroppo.   (*descrizione delle camere*)

A: **Come sono i** prezz**i** delle case nella tua città?
B: Ah, guarda, sono molto cari.   (*descrizione dei prezzi*)

Comparativi

■ Per fare confronti si usa:

più
meno $\rangle$ + aggettivo + **di**

ESEMPI

1. Il mio bilocale costa 760 euro al mese.
2. Questo bilocale costa 650 euro.

Il mio bilocale è **più caro di** questo.
Questo bilocale è **meno caro del** mio.

1. La stanza è in condivisione con un'altra persona.
2. Il monolocale non è in condivisione.

La stanza è **meno pratica del** monolocale.
Il monolocale è **più pratico della** stanza.

1. La villa con giardino è a un'ora di treno dalla città.
2. L'appartamento è vicino ai mezzi pubblici.

La villa con giardino è **meno servita dell'**appartamento.
L'appartamento è **più servito della** villa con giardino.

Di deve essere combinato con l'articolo del nome che segue.

ESEMPI

di + **il** monolocale   = **del** monolocale
di + **l'**angolo cottura   = **dell'**angolo cottura
di + **lo** studio   = **dello** studio
di + **la** villa   = **della** villa
di + **le** camere da letto = **delle** camere da letto
di + **i** servizi   = **dei** servizi
di + **gli** appartamenti   = **degli** appartamenti

Attenzione!

molto + aggettivo

Si usa per aumentare in assoluto il significato dell'aggettivo.

ESEMPI

Il mio bilocale è **molto caro.**   *(in assoluto, non in confronto a un altro bilocale*
La villa è **molto scomoda.**   *o un'altra villa)*

ottimo = molto buono

Si può usare con diversi significati.

ESEMPI

Affittasi **ottimo** bilocale arredato   *(il bilocale è molto buono o molto bello)*
L'appartamento è in un'**ottima** zona   *(la zona è molto bella o ben servita)*
Questo loft è un **ottimo** affare   *(comprare questo loft è molto vantaggioso)*

Pratica

18 **Completate con *La* o *Le*.**

1. A: Vorrei delle informazioni sul trilocale in affitto.
   B: Sì, ... passo il collega..

2. A: Allora, signora, l'appuntamento è in via Poma sabato prossimo alle 9:00.
   B: Benissimo. .... ringrazio.
   A: Prego, arrivederci.

3. A: Chiamo per informazioni sul loft in vendita.
   B: Un momento, ... do il numero dell'ufficio vendite.

4. A: Purtroppo in questo momento non ho le informazioni, ... posso richiamare?
   B: Certo, non c'è problema.

5. A: .... saluto, a martedì.
   B: Perfetto, arrivederci.

6. A: Abbiamo un monolocale arredato in zona stadio, ... interessa?
   B: Veramente cerco un bilocale...
   A: Questo è molto bello, ristrutturato da un architetto, ... consiglio di vederlo.

19 **Completate con *di* e l'articolo giusto.**

1. A: Questo appartamento è proprio carino!
   B: Sì, ma è meno servito .... monolocale vicino alla stazione.

2. A: Allora, che ne pensi?
   B: Mah! L'ingresso è più grande .... cucina, la camera da letto è più buia .... ripostiglio e poi costa di più .... altro bilocale.

3. A: Questa camera da letto mi sembra più piccola .... altre.
   B: Sì, però è più luminosa.

4. A: Il prezzo di questo trilocale è ottimo, più basso addirittura .... prezzo del bilocale da ristrutturare.
   B: Sì, d'accordo, però la zona non è servita dai mezzi.

5. A: Com'è la casa?
   B: È bella, e anche più economica .... appartamenti in città; però la cucina e i bagni sono completamente da ristrutturare.

6. A: Questo monolocale costa meno .... altri perché è al quinto piano senza ascensore.
   B: Mah, non so...

20 **Completate con il numero ordinale.**

1. A: Abbiamo una mansarda al .... (7°) piano.
   B: Con ascensore, vero?

2. È la .... (6°) volta che telefono all'agenzia ed è sempre occupato!

3. A: Guardi, signora, il soggiorno è molto spazioso, qui c'è la cucina a vista e poi ci sono due ampie camere da letto.
   B: Sì, l'appartamento è bello, però ho bisogno di una .... (3°) camera per gli ospiti.

4. A: Come va?
   B: Male! Questa è la .... (10°) agenzia che chiamo, e non hanno nessun appartamento libero da affittare!

5. **A:** Quando è libero l'appartamento?

   B: Verso i .... (1°) giorni della prossima settimana, probabilmente martedì prossimo.

6. **A:** Ecco, la villetta in vendita è la .... (4°) sulla sinistra.

   B: Sembra in buone condizioni.

   A: Sì, è un ottimo affare. Lei è già il .... (5°) cliente interessato.

21 **Trovate la domanda o la risposta.**

1. **A:** ....

   B: Molto belle.

2. **A:** .... ?

   B: Sì, certo.

3. **A:** È libero subito?

   B: ....

4. **A:** Quanto viene al mese?

   B: ....

5. **A:** .... ?

   B: No, mi dispiace.

6. **A:** ....

   B: Sì, mi dica.

Role play

22 **"Chiamo per l'appartamento dell'annuncio".**

A è il cliente.
B è la persona dell'agenzia.

A vuole informazioni sull'appartamento e **B** risponde. Usate: "Vorrei delle informazioni..." "Mi dica..." " È arredato..." " Le consiglio..." "La richiamo...", ecc.

Pratica libera

23 **"La casa ideale".**

Dividete la classe in due gruppi, **A** e **B**. Scegliete un cliente: può essere un personaggio famoso oppure si può decidere il profilo del cliente in classe. I gruppi devono descrivere la casa ideale per il cliente: devono decidere la tipologia, disegnare la piantina e preparare l'annuncio. Alla fine si confrontano i lavori dei due gruppi e si vota il progetto migliore.

unità 12

La routine quotidiana

1 In coppia. Osservate le foto e scrivete il verbo corrispondente.

....

....

....

....

....

2 Drill. Ascoltate e controllate.

3 Leggete il testo e rispondete alle domande.

Ex commerciante, 53 anni, da quindici anni fa il "casalingo".

"E per niente disperato", dice Fiorenzo Bresciani di Lucca che nel 2002 ha fondato l'Associazione Uomini Casalinghi, con iscritti in tutto il mondo.

"Mia moglie Daniela fa il medico e guadagna abbastanza per tutta la famiglia", dice Bresciani.

La sua giornata tipo? "La mattina mi alzo alle sei e mezza – Daniela si alza più tardi – mi faccio la doccia e la barba, preparo la colazione. Quando lei va al lavoro io inizio a fare le pulizie: mi piace fare tutto tranne stirare. A mezzogiorno mangio qualcosa di veloce e il pomeriggio vado a fare la spesa. Alle sei stop, mi riposo un'oretta. Daniela torna a casa verso le otto e trova la cena già pronta. La sera mi occupo dell'Associazione: rispondo alle mail, organizzo incontri e nuovi corsi per i nostri iscritti. Di solito andiamo a dormire verso mezzanotte".

L'Associazione Uomini Casalinghi organizza corsi di specializzazione: da quelli per imparare a stirare e a fare il bucato a quello di "home fitness" (stare in forma facendo le pulizie). Per informazioni: www.uominicasalinghi.it . Costo di iscrizione: 20 euro.

	Vero	Falso
1. Fiorenzo è contento di fare il "casalingo".	▪	▪
2. Si occupa della casa da molti anni.	▪	▪
3. Gli piace stirare.	▪	▪
4. Verso le otto Daniela prepara la cena.	▪	▪
5. L'Associazione Uomini Casalinghi è internazionale.	▪	▪

4 In base al testo dell'attività 3, completate le frasi con un verbo opportuno.

1. Fiorenzo Bresciani .... alle 6.30.

2. Il pomeriggio Fiorenzo ....

3. Alle sei .... un'oretta.

4. La sera .... dell'Associazione.

5. Fiorenzo e la moglie .... verso mezzanotte.

6. L'Associazione organizza corsi per imparare a ....

grammatica

Verbi riflessivi: **alzarsi**

io	**mi**	alzo
tu	**ti**	alzi
lui/lei/Lei	**si**	alza
noi	**ci**	alziamo
voi	**vi**	alzate
loro	**si**	alzano

5 Unite le due colonne.

1. Carla, come **ti**
2. Oggi **mi**
3. Signora, Lei **si**
4. Senti, **ci**
5. Allora, **vi**
6. I bambini **si**

a. alz**ate** o no?
b. ripos**iamo** mezzora?
c. vest**i** stasera?
d. svegli**ano** sempre molto presto.
e. sent**o** proprio bene!
f. occup**a** di informatica, vero?

6 In coppia. Ripetete il minidialogo con le possibili varianti.

A che ora ti alzi?

Di solito alle 7.30 e tu?

7 Vocabolario. La routine quotidiana. In coppia. Completate la tabella con il maggior numero possibile di verbi.

La mattina	Il pomeriggio	La sera	La notte
svegliarsi			
		cenare	
	finire di lavorare		
			addormentarsi

8 In gruppi. Immaginate la routine quotidiana del vostro insegnante. Confrontate la vostra ipotesi con quella degli altri gruppi. Alla fine fate domande all'insegnante e controllate le vostre ipotesi.

9 "La routine di Paolo e Daniela". Rispondete alle domande in base all'ascolto.

1. In genere, quando esce Paolo con i bambini?

   ....

   ....

2. Lavora per un'azienda?

   ....

   ....

3. Perché sta tutto il giorno in macchina?

   ....

4. Perché Daniela lavora part-time?

   ....

   ....

5. Daniela come va in ufficio?

   ....

   ....

6. In casa, chi fa le pulizie?

   ....

   ....

10 Completate l'agenda di Paolo e Daniela in base all'ascolto precedente.

APRILE
27
martedì

	Paolo	Daniela
6.00		si alzano
•		
8.30	arriva in ufficio	
•		
13.00	pranza	
•		finisce di lavorare
19.00		
•	prepara la cena	
19.30		va al corso di inglese

11 Unite correttamente le due colonne.

		a.	famiglia
		b.	impegni
1.	Il mio	c.	lavoro
2.	La mia	d.	bambini
3.	I miei	e.	fotografie
4.	Le mie	f.	azienda
		g.	giornate
		h.	motorino

grammatica

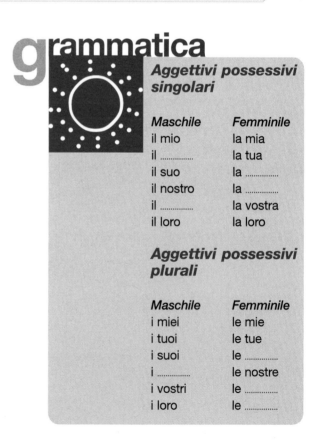

Aggettivi possessivi singolari

Maschile	Femminile
il mio	la mia
il	la tua
il suo	la ....
il nostro	la ....
il	la vostra
il loro	la loro

Aggettivi possessivi plurali

Maschile	Femminile
i miei	le mie
i tuoi	le tue
i suoi	le ....
i	le nostre
i vostri	le ....
i loro	le ....

12 In coppia. "Com'è la tua giornata tipo?". Intervistate il vostro compagno.

13 "Ogni Paese ha le sue abitudini". Leggete le frasi e completate.

1. In Italia gli amici spesso si salutano con due baci.
    Nel mio Paese ....

2. Il venerdì, in ufficio, gli inglesi si vestono in modo informale.
    Nel mio Paese ....

3. Gli studenti giapponesi a scuola indossano una divisa.
    Nel mio Paese ....

4. Gli italiani bevono in media 3/4 caffè al giorno.
    Nel mio Paese ....

5. Il 60% dei ragazzi italiani lascia la famiglia a 30 anni.
    Nel mio Paese ....

6. Gli svedesi si tolgono le scarpe quando entrano in casa.
    Nel mio Paese ....

7. Gli studenti italiani finiscono l'università a 24/26 anni.
    Nel mio Paese ....

8. In Italia spesso i negozi chiudono per la pausa pranzo.
    Nel mio Paese ....

14 In gruppo. Confrontate le abitudini dei vostri Paesi.

In Italia i ragazzi stanno con la famiglia fino a 30 anni.

In Germania no.

15 **"Devo ancora abituarmi". Completate la tabella in base ai dialoghi.**

	Verbo riflessivo	Motivo dell'azione
1		
2		
3		
4		
5		
6		

16 **Unite le due colonne.**

1. Carlo, devi ancora
2. Scusa, dove possiamo
3. Devo ancora
4. Signora, vuole
5. Sai, Rita vuole
6. Dobbiamo
7. Domani devo
8. Vuoi

a. abituarmi a questo traffico!
b. vestirsi di rosso per la festa.
c. alzarmi presto.
d. farti la doccia?
e. lavarci le mani?
f. sedersi qui?
g. riposarti un momento?
h. occuparci di questo fax.

FOCUS di grammatica

I *verbi riflessivi*

■ Sono verbi che finiscono in **-arsi, -ersi, -irsi.**
Per coniugare un verbo riflessivo è sufficiente aggiungere, prima del verbo, i pronomi personali.

	lavarsi	*mettersi*	*vestirsi*
io	**mi** lavo	**mi** metto	**mi** vesto
tu	**ti** lavi	**ti** metti	**ti** vesti
lui/lei/Lei	**si** lava	**si** mette	**si** veste
noi	**ci** laviamo	**ci** mettiamo	**ci** vestiamo
voi	**vi** lavate	**vi** mettete	**vi** vestite
loro	**si** lavano	**si** mettono	**si** vestono

• Molti verbi riflessivi si usano per le azioni della **routine quotidiana** riferite alla propria persona (*pettinarsi, lavarsi, svegliarsi, farsi la doccia, mettersi qualcosa*, ecc.).

ESEMPI

A: Allora, sei pronto?
B: Un momento, **mi metto** le scarpe...   (verbo *mettersi*)

A: Perché **ti vesti** sempre di nero?   (verbo *vestirsi*)
B: Beh, è la moda di quest'anno, no?

A: Maria **si trucca** un po' troppo, non pensi?   (verbo *truccarsi*)

- Altri verbi riflessivi si usano per esprimere le **emozioni** (*arrabbiarsi, annoiarsi, divertirsi, preoccuparsi,* ecc.) o le **sensazioni fisiche** (*sentirsi bene/male, rilassarsi, riposarsi,* ecc.).

ESEMPI

A: Questo esame è veramente difficile.
B: Non **ti preoccupare**, andrà tutto bene.   (verbo *preoccuparsi*)

A: Oggi non **mi sento** molto bene.   (verbo *sentirsi bene/male*)
B: Oh, mi dispiace!

- Alcuni verbi di uso comune sono verbi riflessivi: *sedersi, fermarsi, abituarsi, sbrigarsi, occuparsi di qualcosa, chiamarsi, sposarsi,* ecc.

ESEMPI

A: E che cosa fa Marcello?
B: **Si occupa** di informatica.   (verbo *occuparsi di*)

A: Mi dispiace, il dottore è in ritardo.
B: Allora **mi siedo** qui e lo aspetto.   (verbo *sedersi*)
A: È difficile guidare in Italia, andate troppo veloci!
B: Ma no, prima o poi **ti abitui**.   (verbo *abituarsi*)

A: **Ti fermi** a cena?   (verbo *fermarsi*)
B: Mi dispiace ma devo tornare a casa.

I verbi modali *dovere, potere, volere* con i verbi riflessivi

- ▄ Quando usiamo due verbi insieme – per esempio un verbo modale + un altro verbo – generalmente il secondo verbo è un infinito (meno frequentemente un gerundio).

- I verbi riflessivi all'infinito terminano con un **pronome** che cambia a seconda della coniugazione del verbo modale.

	modale	*riflessivo*
io	**devo**	alzar**mi**
tu	**devi**	alzar**ti**
lui/lei/Lei	**deve**	alzar**si**
noi	**dobbiamo**	alzar**ci**
voi	**dovete**	alzar**vi**
loro	**devono**	alzar**si**

ESEMPI

A: Silvia, sei pronta?

B: Un momento...

A: Ma *devi* ancora vestir**ti**?　　　　　　　(verbo modale + verbo *vestirsi*)

A: È tardi?

D: Oì, *devi* sbrigar**ti**!　　　　　　　(verbo modale + verbo *sbrigarsi*)

Attenzione!

È anche possibile **anticipare il pronome** e usare la seguente struttura:

pronome + verbo modale + verbo riflessivo senza pronome

ESEMPI

A: Scusi, **mi** *posso* sedere qui?　　(pronome + verbo modale + verbo riflessivo)

B: Certo, prego.

A: Allora vai in vacanza?

B: Sì e **mi** *voglio* proprio riposare.　　(pronome + verbo modale + verbo riflessivo)

Gli *aggettivi possessivi*

■ Si usano per definire a **chi** appartiene qualcosa.
Generalmente si usano insieme a un articolo (determinativo o indeterminativo) e rispettano sempre le regole della concordanza di genere (maschile o femminile) e di numero (singolare o plurale).

	M Sing.	*F Sing.*	*M Pl.*	*F Pl.*
io	il mio	la mia	i miei	le mie
tu	il tuo	la tua	i tuoi	le tue
lui/lei/Lei	il suo	la sua	i suoi	le sue
noi	il nostro	la nostra	i nostri	le nostre
voi	il vostro	la vostra	i vostri	le vostre
loro	il loro	la loro	i loro	le loro

ESEMPI

A: Ti piace **la mia** borsa?

B: Moltissimo!

A: Dove sono **i miei** libri di italiano?

B: Sono qui.

A: Interessante questo progetto!

B: Grazie, è **una mia** idea...

A: Molto originale.

A: Che bella giacca!

B: È di Paul, **un mio** amico.

Attenzione!

Gli aggettivi possessivi **suo/sua**, **sue/suoi** seguono il genere e il numero della cosa e non della persona.

ESEMPI

A: Allora, vieni con noi stasera?

B: Sì. Alberto mi presta **la sua** macchina.   (Alberto = M Sing., macchina = F Sing.)

A: Maria viene con **i suoi** amici.   (Maria = F Sing., amici = M Pl.)

A: Carla non spegne mai **il suo** cellulare.   (Carla = F Sing., cellulare = M Sing.)

B: Anche durante la lezione?

- I possessivi rispondono alla domanda: **"di chi è?"/"di chi sono?"**.

  Nella risposta si usa il pronome possessivo e non è necessario usare l'articolo o ripetere il soggetto.

  Invece quando si specifica il nome della persona è necessario usare la preposizione **di**.

ESEMPI

A: **Di chi è**?

B: È mio.

A: **Di chi sono** questi guanti?

B: Sono miei.   (sono i miei guanti = ripetizione non necessaria)

A: Che bella macchina. **Di chi è**?

B: È di Paolo.   (è la macchina di Paolo = ripetizione non necessaria)

A: **Di chi sono** queste borse?

B: Sono **di** Claudio e Marta.   (sono le borse di Claudio e Marta = ripetizione non necessaria)

Pratica

17 Completate con i verbi riflessivi.

1. A: Di solito la mattina .... alle otto e mezza.
   B: Beato te!

2. A: A Carlo piace il teatro?
   B: Per niente. Dice che è noioso e infatti ogni volta che ci andiamo lui
      ....

3. A: Giulia, guarda che fa molto freddo…
   B: Allora devi .... il cappotto pesante.

4. A: Come .... oggi?
   B: Benissimo, grazie. Non ho più la febbre.

5. A: E cosa fa Daniela?
   B: La mattina lavora e il pomeriggio .... della casa e dei bambini.

6. A: Guarda c'è un tavolino libero. .... ?
   B: Va bene.

18 Completate i verbi riflessivi con un pronome appropriato.

1. A: Perché Anna va a letto così presto?
   B: Eh, domani deve alzar........ alle 6!

2. A: Carlo, puoi sbrigar........ ?
   B: Eh, un momento!

3. A: Allora, come va con il traffico di Roma?
   B: Eh, devo ancora abituar........ .

4. A: Mario, possiamo fermar........ a mangiare qualcosa? Ho una fame!
   B: Va bene, cerchiamo un parcheggio…

5. A: Ragazzi, stasera dovete occupar........ voi del cane.
   B: Ok, va bene.

6. A: Sai che Lucia e Riccardo vogliono sposar........ in spiaggia?
   B: Ah sì, come nei film… mah!

19 Completate con gli aggettivi possessivi.

1. A: Laura adora .... gatto.
   B: Lo so. Sai che gli fa anche un regalo per il compleanno?

2. A: Che fai domenica?
   B: Vado in montagna con .... amici.

3. A: Tiziana, ... appartamento è veramente bello!
   B: Grazie.

4. A: Di chi è questo dizionario?
   B: È ....

5. A: Marco e Lisa sono troppo severi con .... figli, non pensi?
   B: Sì, sono d'accordo con te.

6. A: Sai, Renato non vuole prestarmi .... macchina.
   B: Beh, è nuova e costa un sacco di soldi.

20 Trovate la domanda o la risposta.

1. A: .... ?
   B: Di solito alle 7.00

2. A: E Anna che fa? Lavora?
   B: ....

3. A: .... ?
   B: È mio.

4. A: Come sono stanca!
   B: .... ?

5. A: .... ?
   B: Eh, i tavolini sono tutti occupati.

6. A: Che bella borsa. Di chi è?
   B: ....

Role play

21 Una ricerca di mercato.

A lavora per una multinazionale.
B è un professionista.

A deve fare una ricerca di mercato per un nuovo prodotto; deve fare un'intervista dettagliata a **B**.
B risponde alle domande.

Pratica libera

22 Uno spot pubblicitario.

A è il regista.
B è il testimonial dello spot.

A deve registrare uno spot per uno yogurt che rinforza l'organismo; deve definire il profilo del testimonial: abitudini, routine quotidiana, ecc.
B deve recitare e collaborare per la creazione del testo e dello slogan.

unità 13

Amici e famiglia

Per cominciare

1 Osservate le foto.

2 "Chi è?". Osservate le foto e rispondete: che relazione c'è tra queste persone?

1. ▨ fratello e sorella
2. ▨ moglie e marito
3. ▨ padre e figlio
4. ▨ madre e figlia
5. ▨ nonna e nipote
6. ▨ zia e nipote

a**ttenzione!**

I **genitori** = il padre e la madre
I **parenti** = le altre persone della famiglia: zio, zia, nonni, cugini, cognati

3 Leggete le frasi e completate i nomi della famiglia.

a. Sergio

b. Paola

c. ....

d. ....

e. ....

f. ....

g. ....

Sergio
è il marito di Tina

Tina
è la figlia
di Antonio

Maria
è la moglie
di Antonio

Maria
è la madre
di Paola

Paola
è la madre
di Chiara

Paola
è la zia
di Giulio

4 Completate le frasi con le parole seguenti.

• sorelle • suocera • cognato • nipoti • cugini • zia

1. Chiara e Giulio sono ....
2. Sergio è il .... di Paola.
3. Tina è la .... di Chiara.
4. Tina e Paola sono ....
5. Maria è la .... di Sergio.
6. Chiara e Giulio sono i .... di Maria e Antonio.

5 "E questo è mio fratello". Ascoltate e disegnate l'albero genealogico di Carla.

Carla

6 Completate i minidialoghi con un aggettivo possessivo.

1. **A:** È .... famiglia?
   B: Sì, questi sono .... genitori e questo è .... fratello.

2. **A:** E lei chi è?
   B: Lei è .... sorella.

3. **A:** Loro chi sono?
   B: I figli di .... fratello, cioè .... nipoti.

4. **A:** Questa è Corinna, ... cognata.
   B: È tedesca?

grammatica

Possessivi

L'articolo **non si usa** con i nomi di famiglia *singolari*.

ESEMPI
Le presento **mia** moglie.
Gianni è **suo** fratello.

MA

Loro sono **i miei** fratelli.

7 Espressioni utili. Completate i minidialoghi con le parole seguenti.

● però ● beata te ● figurati ● magari

1. **A:** Ti dispiace se guardo le foto?
    B: .... !

2. **A:** Marta e Guido sono i miei nipoti.
    B: .... ! Sei già zia!

3. **A:** Ma voi fate sempre le vacanze insieme?
    B: .... !

4. **A:** Sono andata in vacanza in Polinesia.
    B: .... !

8 In coppia. Formate minidialoghi con le espressioni utili.

ESEMPI

A: Sai, ho 9 fratelli...
B: Però!

A: Io parlo quattro lingue...
B: Beato te!

Lei è mia madre, si chiama Leonor.

Loro sono i miei fratelli.

9 In coppia. Disegnate il vostro albero genealogico e presentatelo al vostro compagno.

10 Lettura. "Ma che famiglia!". Leggete il testo e rispondete alle domande.

Da qualche anno, nel cinema e nelle fiction TV, la famiglia è **tornata di moda**. Ma attenzione, molti film parlano della famiglia per dire qualcosa che forse non ci piace sentire: la famiglia non c'è più. Dagli Stati Uniti di *American Beauty*, alla Spagna dei film di Almodovar, fino ai film di casa nostra come *Ricordati di me* ecco che troviamo famiglie piene di problemi, di silenzi o di urla. Oppure vediamo qualcosa che non è più la famiglia tradizionale: non è questa, infatti, l'epoca delle **convivenze**, delle coppie gay, delle famiglie allargate? Il cinema mostra una società che cambia, a volte così velocemente che film di dieci o quindici anni fa ci sembrano già del tempo dei dinosauri. La TV invece è più **moderata**: le fiction italiane di Rai e Mediaset che parlano della famiglia tradizionale fanno il pieno di ascolti. Milioni e milioni di spettatori per vedere Lino Banfi che fa il nonno in una famiglia ideale, dove tutti i problemi si risolvono sempre alla fine di ogni puntata. Forse al pubblico piace vedere qualcosa che nella vita reale non c'è? Non è il caso di essere così pessimisti: le famiglie che funzionano ci sono e sono tante. Non è facile però, specialmente nella società di oggi che fa poco per **dare una mano** alle famiglie. Che fare? Per esempio quello che dice Valeria, impiegata e madre di tre figli: "Le famiglie non devono seguire i ritmi delle aziende, degli uffici, del lavoro ma al contrario tutta la società dovrebbe seguire il ritmo delle famiglie!". Sembra un'idea impossibile ma forse tra qualche anno la vedremo al cinema.

1. Oggi l'idea di famiglia
    a ▨ è uguale al passato
    b ▨ è molto differente

2. I film di qualche anno fa ci sembrano
    a ▨ superati
    b ▨ ancora attuali

3. Le fiction TV sulle famiglie
    a ▨ hanno molto successo
    b ▨ hanno pochi spettatori

4. Per Valeria sono più importanti
    a ▨ le aziende
    b ▨ le famiglie

11 Vocabolario. Scrivete il significato delle seguenti parole o espressioni del testo.

1. tornata di moda ....
2. convivenze ....

3. moderata ....
4. dare una mano ....

12 In gruppo. Confrontate le opinioni sul testo "Ma che famiglia!".

> È vero, oggi ci sono tanti tipi di famiglia...

> Mah, secondo me invece la famiglia tradizionale non è in crisi...

> Però scusa, per me Valeria ha ragione....

13 A. Lettura. "Biografia di un campione". Leggete il testo e sottolineate i verbi al passato.

Diego Armando Maradona <u>è nato</u> il **a.** .... a Buenos Aires in una famiglia povera. Ha iniziato a giocare a calcio da piccolissimo, in strada. È subito diventato molto famoso nella sua città per la sua abilità con il pallone e a **b.** .... anni è entrato **c.** .... *Nel* 1986 l'Argentina ha vinto la Coppa del Mondo e Maradona ha realizzato, contro **d.** ...., il famoso gol con la mano che lui stesso ha definito "la mano di Dio" . Dal 1984 al 1991 ha giocato in Italia nella squadra del **e.** ....

Negli stessi anni si è sposato con Claudia Villafane e ha avuto due figlie, Djalma e Gianina. Nel 1991 lo hanno trovato positivo a un controllo antidoping: è l'inizio del declino. Maradona ha continuato a **e.** .... fino al 1997 quando ha annunciato il suo ritiro dal mondo del calcio. Ha avuto gravi problemi di salute, conseguenza dell'uso di droghe.

Nel 2005 Maradona ha partecipato a due programmi TV di grande successo: "La noche del 10" per la TV argentina e **g.** .... per la TV italiana. Due film e numerosi documentari hanno raccontato la sua vita e la sua straordinaria carriera.

14 A. Scrivete i verbi sottolineati e il loro infinito.

1. è nato   nascere
2. ....
3. ....
4. ....
5. ....
6. ....
7. ....
8. ....
9. ....
10. ....
11. ....
12. ....
13. ....
14. ....
15. ....
16. ....

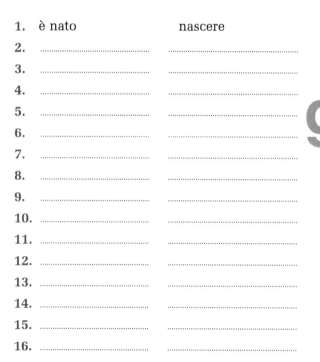

grammatica

Il passato prossimo

verbo **avere/essere**
+ *participio passato*

ESEMPI
Ieri ho *incontrato* Carlo.
Domenica sono *andato* al mare.

Per formare il *participio passato* dei verbi regolari:

parlare → parl**ato** → ho *parlato*
sapere → sap**uto** → ho *saputo*
sentire → sent**ito** → ho *sentito*

15 In coppia. Completate il testo "Biografia di un campione". Chiedete al vostro compagno le informazioni che vi mancano.

> Dove è nato Maradona?

> A Buenos Aires.

16 Collegate le due colonne in modo corretto come nell'esempio.

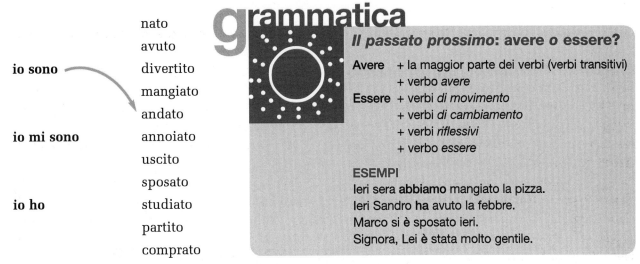

nato
avuto
io sono
divertito
mangiato
andato
io mi sono
annoiato
uscito
sposato
io ho
studiato
partito
comprato

grammatica

Il passato prossimo: avere o essere?

Avere + la maggior parte dei verbi (verbi transitivi)
+ verbo *avere*
Essere + verbi *di movimento*
+ verbi *di cambiamento*
+ verbi *riflessivi*
+ verbo *essere*

ESEMPI
Ieri sera **abbiamo** mangiato la pizza.
Ieri Sandro **ha** avuto la febbre.
Marco si è sposato ieri.
Signora, Lei è stata molto gentile.

attenzione!

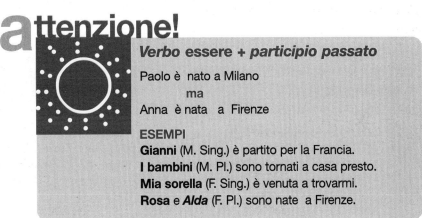

Verbo essere + participio passato

Paolo è nato a Milano
      ma
Anna è nata a Firenze

ESEMPI
Gianni (M. Sing.) è partito per la Francia.
I bambini (M. Pl.) sono tornati a casa presto.
Mia sorella (F. Sing.) è venuta a trovarmi.
Rosa e **Alda** (F. Pl.) sono nate a Firenze.

17 "Diego Armando Maradona, una vita sopra le righe". Scegliete la risposta giusta in base all'ascolto.

1. In TV Maurizio ha visto
   - a   un programma sportivo
   - b   una gara di ballo

2. Nel programma TV Maradona
   - a   balla
   - b   canta

3. A Lucia il calcio
   - a   piace
   - b   non piace

4. A Napoli, oggi Maradona
   - a   è ancora abbastanza popolare
   - b   è un eroe

5. Dopo la crisi, Maradona
   - a   è tornato in perfetta forma
   - b   ha perso un paio di chili

6. Fabio ha un DVD di calcio e Maurizio
   - a   ce l'ha
   - b   non ce l'ha

18 Espressioni utili. Completate le espressioni con le parole seguenti.

● dubbi ● succede ● ce l'hai ● mi ricordo

1. Tu .... ?

2. Non ho .... !

3. Sì, ...

4. Purtroppo ....

19 Inserite le espressioni utili nei dialoghi.

1. A: La mia ragazza è veramente eccezionale.
   B: ....

2. A: Cos'è, un dizionario elettronico?
   B: Sì, l'ho appena comprato. Tu .... ?
   A: Non ancora.

3. A: Sai, la mia ragazza mi ha lasciato.
   B: Eh, ...

4. A: Qui c'è scritto che nel 2001 c'è stata una eclissi di sole spettacolare
   B: Ah, sì ....

13 B. Lettura. "Biografia di un campione". Leggete il testo e sottolineate i verbi al passato.

Diego Armando Maradona è nato il 30 ottobre 1960 a **1.** .... in una famiglia povera. Ha iniziato a giocare a calcio da piccolissimo, in strada. È subito diventato molto famoso nella sua città per la sua abilità con il pallone e a diciassette anni è entrato **2.** .... Nel 1986 l'Argentina ha vinto la **3.** .... e Maradona ha realizzato, contro l'Inghilterra, il famoso gol con la mano che lui stesso ha definito **4.** .... Dal 1984 al 1991 ha giocato in Italia nella squadra del Napoli.
Negli stessi anni si è sposato con Claudia Villafane e ha avuto due figlie, Djalma e Gianina. Nel **5.** .... lo hanno trovato positivo a un controllo antidoping: è l'inizio del declino. Maradona ha continuato a giocare fino al 1997 quando ha annunciato il suo ritiro dal mondo del calcio. Ha avuto gravi problemi di salute, conseguenza dell'uso di droghe.
Nel **6.** .... Maradona ha partecipato a due programmi TV di grande successo: "La noche del 10" per la TV argentina e "Ballando con le stelle" per quella italiana. Due film e numerosi documentari hanno raccontato la sua vita e la sua **7.** ....

14 B. In gruppo. Scrivete i verbi sottolineati e il loro infinito.

1.	è nato	nascere	9.	....	....
2.	....	....	10.	....	....
3.	....	....	11.	....	....
4.	....	....	12.	....	....
5.	....	....	13.	....	....
6.	....	....	14.	....	....
7.	....	....	15.	....	....
8.	....	....	16.	....	....

20 "Cosa hai fatto ieri?". Indovinate chi racconta la propria giornata.

21 Esercizio. Inserite nel testo dell'ascolto il participio passato appropriato.

• spento • visto • preso • fatto • speso • scritto • letto

"Ieri non ho .... niente di speciale. La mattina sono andata in palestra per circa un'ora e poi sono tornata a casa e ho .... un paio di mail. Il pomeriggio sono andata a trovare Laura e Roberto, i miei nipoti. Abbiamo .... l'autobus e siamo andati in centro, abbiamo comprato libri e vestiti. Ho .... un po' troppo, ma non riesco mai a dire di no. Ieri sera ho .... un vecchio film alla TV e poi ho .... un po'. Alle undici ho .... la luce e mi sono addormentata subito".

grammatica

Il passato prossimo

Molti verbi hanno il *participio passato* **irregolare**.

fare → **fatto**
prendere → **preso**

22 "Fare? Fatto!". In coppia. Proponete un verbo all'infinito al compagno che deve dire una frase al passato.

ESEMPIO
A: Vedere…
B: Ieri sera ho visto un film molto bello.

23 In coppia. Raccontate al vostro compagno la giornata di ieri.

Allora, cos'hai fatto ieri?

La mattina sono venuto qui a scuola e poi…

FOCUS di grammatica

Gli *aggettivi possessivi* con la famiglia

	M. Sing.		F. Sing.		M. Pl.		F. Pl.	
io	mio		mia		i miei		le mie	
tu	tuo		tua		i tuoi		le tue	
lui/lei/Lei	suo	padre	sua	madre	i suoi	figli	le sue	figlie
noi	nostro		nostra		i nostri		le nostre	
voi	vostro		vostra		i vostri		le vostre	
loro	il loro		la loro		i loro		le loro	

■ Gli aggettivi possessivi si usano **senza l'articolo** quando precedono nomi di famiglia **singolari**.

ESEMPI

A: Signora Castelli, Le presento Chiara, **mia** moglie.
B: Molto piacere!

A: Dovrei essere più severo con **i miei** figli.
B: Ma no e poi sono così bravi!

Attenzione!

L'aggettivo possessivo **loro** vuole sempre l'articolo.

ESEMPI

A: Marco e Sandra vanno sempre a trovare **la loro** nonna.
B: Ah sì, abita a New York, vero?

A: I miei genitori sono pazzi per **i loro** nipotini.
B: Beh, è normale.

Il *passato prossimo*

■ Il passato prossimo si usa per parlare di azioni del passato che sono concluse, finite.

È un tempo formato da due parti:
verbo **avere** o **essere** al presente
+ participio passato

ESEMPI

Ieri **sono andato** a scuola.
Abbiamo comprato un nuovo computer.

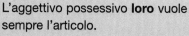

	comprare	andare
io	ho comprato	sono andato/a
tu	hai comprato	sei andato/a
lui/lei/Lei	ha comprato	è andato/a
noi	abbiamo comprato	siamo andati/e
voi	avete comprato	siete andati/e
loro	hanno comprato	sono andati/e

■ Prima di coniugare un verbo al passato prossimo è necessario sapere se dobbiamo usare **avere** o **essere**.

• Verbi che usano **avere**:
  – i verbi transitivi (= che hanno un oggetto)
  – il verbo avere

ESEMPI

Franco **ha** guardato un film. (oggetto)
Abbiamo incontrato Stefano. (oggetto)
Hai avuto un'ottima idea! (oggetto)

- Verbi che usano **essere**:
  - tutti i verbi riflessivi
  - i verbi di movimento
  - i verbi di cambiamento
  - i verbi stare, restare, rimanere
  - il verbo **essere**

ESEMPI

Stamattina mi **sono** svegliato presto.
A che ora **sei** partita?
Questo albero **è** cresciuto moltissimo.
Ieri **sono** rimasta tutto il giorno in casa.
Sei mai stato in Australia?

Attenzione!

Per tutti i verbi che usano **essere** è necessario l'accordo di genere (maschile o femminile) e di numero (singolare o plurale).

ESEMPI

Mia madre è partit**a** ieri. (*F. Sing.*)
Marco, sei andat**o** dal dottore? (*M. Sing.*)
Le mie sorelle si sono sposat**e** l'anno scorso. (*F. Pl.*)
Ragazzi, allora vi siete divertit**i**? (*M. Pl.*)

È anche necessario sapere se il participio passato è **regolare** o **irregolare**.
Il participio passato *regolare* segue questa regola:

verbo	*participio passato*
(**-are**) *tornare*	(**-ato**) *tornato*
(**-ere**) *sapere*	(**-uto**) *saputo*
(**-ire**) *capire*	(**-ito**) *capito*

ESEMPI

A: A che ora sei **tornato** ieri sera?
B: A mezzanotte, perché?

A: Hai **saputo** che Anna si sposa?
B: Sì, mi ha telefonato ieri.

A: Scusa, non ho capito. Puoi ripetere?
B: Certo.

È necessario memorizzare le forme **irregolari** perché non esistono regole di formazione. La maggior parte dei verbi irregolari sono verbi in **-ere**.

verbo	*participio passato irregolare*	*verbo*	*participio passato irregolare*
dire	detto	**aprire**	aperto
fare	fatto	**offrire**	offerto
scrivere	scritto	**mettere**	messo
accendere	acceso	**succedere**	successo
chiudere	chiuso	**spegnere**	spento
prendere	preso	**vincere**	vinto
spendere	speso	**bere**	bevuto
chiedere	chiesto	**venire**	venuto
rimanere	rimasto	**vivere**	vissuto
rispondere	risposto	**perdere**	perso
vedere	visto	**scegliere**	scelto

Pratica

24 Con o senza l'articolo? Completate i dialoghi con un aggettivo possessivo.

1. A: Ieri ho chiamato .... nonni.
    B: Ah, e come stanno?

2. A: Marco, devi assolutamente parlare con .... padre.
    B: Ok mamma, magari più tardi, eh?

3. A: Ho incontrato i signori Martinelli.
    B: Ah sì. Tu conosci .... figlio?

4. A: Signora Rocchi, ieri ho incontrato .... figlie. Sono delle splendide ragazze.
    B: Oh signora, Lei è troppo gentile!

5. A: Mario e Cristina adorano .... nipotina.
    B: Beh, è una bambina così dolce!

6. A: Avvocato, ha telefonato .... suocero.
    B: Grazie, lo richiamo subito.

25 Per ciascun verbo segnate se il passato prossimo usa il verbo ausiliare *avere* o *essere*.

	Avere	*Essere*
mangiare		
partire		
stare		
alzarsi		
parlare		
scrivere		
sentire		
avere		
sentirsi		
vedere		
essere		
diventare		✔
comprare	✔	

26 Scrivete la forma corretta di participio passato.

1. A: Caterina, hai .... il computer? *(spegnere)*
    B: Credo di sì ma vado a controllare.

2. A: Marisa, è un'ora che ti aspetto. Cos'è .... ? *(succedere)*
    B: Mi dispiace ma ho perso il treno.

3. A: Che cosa ha .... tuo padre? *(dire)*
    B: Che non vuole assolutamente prestarci la macchina.

4. A: Luca, hai .... alla zia? *(scrivere)*
    B: Non ancora, ma lo faccio subito.

5. A: E voi ieri sera cosa avete .... ? *(fare)*
    B: Abbiamo .... un film alla TV. *(vedere)*

6. A: Non mi ricordo dove ho .... le chiavi della macchina. *(mettere)*
    B: Guarda, sono qui.

27 Scrivete liberamente una frase con il verbo al passato prossimo.

1. Dire
    ....

2. Chiudere
    ....

3. Prendere
    ....

4. Chiedere
    ....

5. Leggere
    ....

6. Perdere
    ....

28 Trasformate i verbi del testo al passato.

Marina, cantante lirica, si alza come al solito a mezzogiorno. Fa colazione e poi esce per fare un giro. Verso le due torna a casa e si riposa: legge il giornale, controlla le mail, fa un paio di telefonate. Alle cinque arriva il suo maestro di canto e per circa un'ora ripassa la sua parte nell'opera. Alle sei chiama un taxi e va in teatro. Dopo la rappresentazione lei e i suoi colleghi cantanti vanno a mangiare in un ristorante vicino al teatro. Verso le due torna a casa e finalmente alle tre va a letto.

....
....
....
....
....
....
....
....
....
....
....
....
....

29 Trovate la domanda o la risposta.

1. **A:** Chi sono Claudio e Marina?
   B: ....

2. **A:** .... ?
   B: È mia figlia.

3. **A:** .... ?
   B: Mi dispiace, non ce l'ho.

4. **A:** .... ?
   B: Sono andato in piscina e tu?

5. **A:** Come mai sei in ritardo?
   B: ....

6. **A:** .... ?
   B: No.

Role play 💬

30 Un caso difficile.

A è un detective privato.
B è un sensitivo.

A deve risolvere un caso difficile. L'unico indizio è un oggetto.
B deve dare informazioni sull'oggetto: chi è il proprietario, dove ha comprato l'oggetto, cosa ha fatto dopo, ecc. ...

Pratica libera

31 "Che storia è questa?"

Dividete la classe in piccoli gruppi. In base alle fotografie ogni gruppo deve inventare una possibile storia e raccontarla (al passato) al resto della classe.

Elementi di fonetica

La trascrizione dei suoni

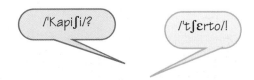

■ Esiste un "alfabeto internazionale dei suoni" che permette di pronunciare correttamente qualsiasi parola in qualsiasi lingua: è l'alfabeto IPA (*International Phonetic Alphabet*).

Ecco la tabella dei suoni italiani e dei loro simboli fonetici.

Vocali			
lettera	*suono* *(simbolo IPA)*	*parola*	*trascrizione* *fonetica**
a	/a/	pasta	/'pasta/
e chiusa	/e/	verde	/'verde/
e aperta	/ɛ/	bene	/'bɛne/
i	/i/	libro	/'libro/
i + vocale	/j/	ieri	/'jɛri/
o chiusa	/o/	sole	/'sole/
o aperta	/ɔ/	oro	/'ɔro/
u	/u/	uva	/'uva/
u + vocale	/w/	buono	/'bwɔno/

Attenzione!

La pronuncia chiusa o aperta di **e** e di **o** non è visibile: per questo motivo gli italiani pronunciano molte parole che hanno queste lettere in maniera differente, a seconda della regione di provenienza. Gli studenti stranieri in genere riproducono la pronuncia del luogo dove studiano la lingua.

Consonanti			
lettera	*suono* *(simbolo IPA)*	*parola*	*trascrizione* *fonetica**
b	/b/	banana	/ba'nana/
ca, co, cu	/k/	cane, conto, cuore	/'kane/, /'konto/, /'kwɔre/
ch		macchina	/'makkina/
ci, ce	/tʃ/	cioccolato, cena	/tʃokko'lato/, /'tʃena/
d	/d/	divano	/di'vano/
f	/f/	fame	/'fame/

segue ➡

* si mette il segno ' prima della sillaba accentata (*accento di parola*).

139

elementi di fonetica

lettera	suono (simbolo IPA)	parola	trascrizione fonetica*
ga, go, gu	/g/	gatto, gola, gusto	/'gatto/, /'gola/, /'gusto/
gh		spaghetti	/spag'etti/
gi, ge	/ʤ/	cugino, Genova	/ku'ʤino/, /'ʤenova
l	/l/	luna	/'luna/
m	/m/	matita	/ma'tita/
n	/n/	naso	/'nazo/
p	/p/	pane	/'pane/
q	/kw/	quando	/'kwando/
r	/r/	rosa	/'roza/
s	/s/	sole	/'sole/
	/z/	mese	/'meze/
t	t/	tavolo	/'tavolo/
v	/v/	vestito	/ve'stito/
z	/ts/	grazie	/'gratsie/
	/dz/	zanzara	/dzan'dzara/
gl	/ʎ/	famiglia	/fa'miʎʎia/
gn	/ɲ/	agnello	/a'ɲɛllo/
sci/sce	/ʃ/	sciarpa, pesce	/'ʃarpa/, /'peʃʃe/

Attenzione!

- Generalmente la lettera **s** si pronuncia **/s/** quando è all'inizio di una parola: soldi, scarpe, salutare ecc.
  Si pronuncia **/z/** quando è tra due vocali: rosa, esame, musica ecc.
- Generalmente quando la lettera **z** è all'inizio della parola si pronuncia **/dz/**: zanzara, zoo, zelo.

L'accento di parola

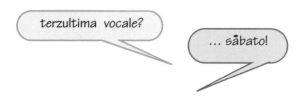

- Tutte le parole italiane hanno un accento, cioè una vocale che si pronuncia in modo più intenso.
- Questo accento non è visibile (*) e per questo motivo è necessario memorizzare la pronuncia o controllare sul dizionario la trascrizione fonetica:

    màcchina   /'makkina/   insegnànte   /inse'ɲɲante/

(*) L'unico accento visibile è quello a fine parola: caffè, università, partirò, ecc.

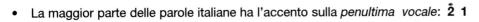
- La maggior parte delle parole italiane ha l'accento sulla *penultima vocale*: 2̇ 1

  mozzarèlla   indirìzzo   panìno   lavòro   italiãno   problèma

- Alcune parole hanno l'accento sulla *terzultima vocale*: 3̇ 2 1

  telèfono   prèndere   tàvolo   lèttera   frigorìfero   fantàstico

- L'accento sulla *quartultima vocale* si trova in pochissime parole, in particolare verbi e verbi + pronomi: 4̇ 3 2 1

  telèfonano   màndamelo (manda+me+lo)   prènditela (prendi+te+la)

Gli accenti obbligatori

- In italiano tutte le parole hanno un accento ma generalmente non è visibile e non si scrive.

- È invece visibile e si deve scrivere quando è sull'*ultima vocale* delle parole:

  caffè   università   elettricità   così   più   però   parlerò   sentirà   là

- L'accento a fine parola è sempre un *accento grave* [`] ma le parole che finiscono con la vocale **e** chiusa hanno un *accento acuto* [´]

  perché   poiché   affinché   ventitré   né   sé

- Nei seguenti casi si deve invece usare un *apostrofo* [']

  un po'   di'   da'   fa'   sta'   va' (imperativo)

Attenzione!

- Quando si scrive a mano generalmente tutti gli accenti vengono scritti *gravi*:

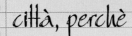

  città, perchè

- Quando invece si scrive al computer è bene usare gli accenti corretti. In una tastiera italiana sono presenti: ì ò à é è ù e l'apostrofo.

> Gentile signora Marchini,
>
> Le scrivo *perché* ho letto il suo annuncio a proposito di un lavoro come baby sitter per la prossima estate. Ho *ventitré* anni, sono inglese e parlo italiano e *un po'* di spagnolo. Mi piacciono i bambini e ho molta esperienza e pazienza. Devo *però* precisare che non guido *né* la macchina *né* il motorino…

La funzione della lettera *h*

■ In italiano, la lettera *"h"* **non** si pronuncia.

• La *"h"* serve a **cambiare** il **suono** di *"c"* e *"g"*.

Infatti:

"c" e *"g"* hanno un suono **duro** prima di **a, o, u**

"c" e *"g"* hanno un suono **dolce** prima di **e, i**

ESEMPI

*Co*me stai?	(la pronuncia è dura: /k/o)
*Ci*ao!	(la pronuncia è dolce: /ʧ/i)
Buon*gi*orno	(la pronuncia è dolce: /ʤ/i)
Sono *ca*salin*ga*	(la pronuncia è dura: /k/a,/g/a)
Molto *ge*ntile	(la pronuncia è dolce: /ʤ/e)
*Scu*si	(la pronuncia è dura: s/k/u)
pe*sce*	(la pronuncia è dolce: /ʃ/e)

• Usiamo la lettera *"h"* per avere un suono **duro** di *"c"* e *"g"* prima di **e, i**

ESEMPI

Mi *chi*amo Sara	(la pronuncia è dura: /k/i)
pe*sche*	(la pronuncia è dura: s/k/e)
In*ghi*lterra	(la pronuncia è dura: /g/i)
casalin*ghe*	(la pronuncia è dura: /g/e)

Le consonanti doppie

■ In alcune parole italiane le consonanti si scrivono e si pronunciano *doppie*.

• Le consonanti doppie hanno una pronuncia più intensa:

cla**ss**e   mo**zz**arella   a**bb**iamo   be**ll**o   ma**mm**a   scri**tt**o

Per aiutare lo studente nella pronuncia, può essere utile considerare che la *vocale* prima delle consonanti doppie è leggermente più breve e la vocale prima di una consonante semplice è leggermente più lunga.

vocale breve	*vocale lunga*
cărro	cāro
cŏppia	cōpia
fătto	fāto
nŏtte	nōte
pălla	pāla
pěnna	pēna

Gli esempi qui sopra mostrano che a volte il semplice raddoppiamento di una consonante cambia completamente il significato di una parola.

Alcuni suoni particolari

1. Il suono "**gli**" /ʎʎ/. Le consonanti **g** e **l** in questo suono si pronunciano <u>insieme</u>.

ESEMPI

lu**gli**o	/'luʎʎo/	ta**gli**are	/ta'ʎʎare/
a**gli**o	/'aʎʎo/	sce**gli**ere	/ʃe'ʎʎere/
ma**gli**one	/ma'ʎʎone/		

2. Il suono "**gn**" /ɲ/. Le consonanti **g** e **n** si pronunciano <u>insieme</u>.

ESEMPI

Spa**gn**a	/'spaɲɲa /	spe**gn**ere	/'spɛɲɲere /
ba**gn**o	/'baɲɲo /	ma**gn**ifico	/ma'ɲɲfiko /
gnocchi	/'ɲɲɔkki /		

3. Il suono "**r**" /r/. La consonante **r** si pronuncia forte e vibrante.

ESEMPI

carne	/'karne/	carta	/'karta/
arrivare	/arri'vare/	parlare	/par'lare/
rimanere	/rima'nere/		

4. I suoni vocalici "**au**" /a/u/, "**ae**" /a/e/, "**eu**" /e/u/, "**eo**" /e/o/. Queste vocali si pronunciano <u>separatamente</u>.

ESEMPI

auto	**a. u**to	euro	**e. u**ro
aumento	**a. u**mento	eurostar	**e. u**rostar
aereo	**a. e**re. **o**	europeo	**e. u**rope. **o**
aeroporto	**a. e**roporto		

Legare insieme le parole

■ Quando parliamo, noi pronunciamo le parole non staccate ma *legate* una all'altra e formiamo così piccoli gruppi compatti di suoni:

come ti chiami? → *cometichiami?*   mi chiamo Franco e tu? → *michiamoFranco etu?*

• È importante abituarsi subito a legare le parole, non solo per avere una migliore pronuncia, ma soprattutto per accrescere la capacità di ascolto.

**ttenzione!**

All'interno di un gruppo di suoni, le vocali non accentate vengono quasi *assorbite*, cioè pronunciate in modo più debole:

mi fai un caffè? → **mifa***i***u**ncaffè?   ma certo! → **m**acerto!

Anche le vocali finali vengono spesso assorbite e la parola sembra incompleta:

cosa avete fatto? → **cos'avetefatt**o?

ESEMPI

1. Comescusa? nonhocapito
2. Ah hocapito
3. ciaocivediamo
4. lei*è*italiano?
5. mifa*iun*caffè?
6. sivabene

7. nomidispiace
8. sasec'*è*unparcheggio?
9. vaima*ia*lcinema?
10. coshaifatto?
11. coshaidetto?
12. chiè?

L'intonazione nelle domande

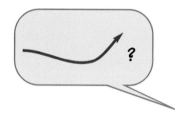 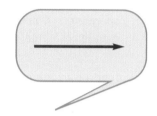

In italiano la domanda ha un'intonazione *ascendente*.

ESEMPI

1. **A:** Io abito a Padova, e Lei?
   B: Anch'io.

2. **A:** Allora, qual è l'indirizzo del destinatario?
   B: Via Montevarchi 43 61100, Pesaro.

3. **A:** Prego signora?
   B: Vorrei un caffè macchiato e un bicchiere di minerale.

   A: Naturale o gassata?
   B: Naturale.

4. Scusi, devo andare in Via Dante, sa dov'è?

Esprimere emozioni con la voce

■ Con *l'intonazione* è possibile comunicare un'emozione, uno stato d'animo (disaccordo, incertezza, pericolo, interesse, noia, ecc.) o un'informazione non verbale (per esempio la fine di una conversazione).

Generalmente gli studenti trasferiscono nell'italiano le intonazioni della loro lingua madre, ma è invece importante fissare, attraverso l'esercizio, alcune intonazioni di base dell'italiano:

A: Che facciamo sabato?
B: *Mah, non so...* Usciamo tutti insieme? *(incertezza)*

A: Per me Franco ha fatto bene!
B: *No, scusa,* secondo me ha ragione Valeria... *(disaccordo)*

Non aprire questo. *(neutro)*
Non aprire questo! *(pericolo)*

A: ... e così ho chiamato Angelo.
B: *Ah sìì? (interesse)*

A: ... e così ho chiamato Angelo.
B: *Ah sì? (disinteresse)*

• Per le *esclamazioni* l'intonazione è ascendente-discendente:

Mario!

Antonio! Che bello vederti!

ESEMPI

1. **A:** Io e mio marito abbiamo due bambine.

   B: Complimenti! Quanti anni hanno?
   A: La grande ha tre anni e la piccola uno.

2. **A:** Ciao. Mi fai una spremuta?

   B: Subito!

3. **A:** Ti piace il pesce?

   B: Come no! Mi piace molto.

4. **A:** Che sport fai?
   B: Mi piace correre, poi gioco a tennis e faccio anche kickboxing.

   A: Però!

5. **A:** Ha organizzato una festa venerdì per salutare tutte le colleghe. Tu vieni, vero?

   B: Che carina! Non sapevo niente...

6. **A:** Guarda che sei in ritardo!
   B: Ah sì? Che ore sono?
   A: Le nove e mezza.

   B: Mamma mia!

elementi di fonetica

Pratica

1 Leggete i seguenti simboli dell'alfabeto fonetico internazionale.

1. /ʎ/   5. /ʧ/
2. /r/   6. /ʤ/
3. /ɲ/   7. /kw/
4. /ʃ/   8. /ts/

2 Scrivere almeno una parola conosciuta per ognuno dei suoni dell'esercizio 1.

1. ....
2. ....
3. ....
4. ....
5. ....
6. ....
7. ....
8. ....

3 Consonante semplice o doppia? Ascoltate e scrivete le parole.

1. ....   7. ....
2. ....   8. ....
3. ....   9. ....
4. ....   10. ....
5. ....   11. ....
6. ....   12. ....

4 Con "h" o senza? Ascoltate e scrivete le parole.

1. ....   7. ....
2. ....   8. ....
3. ....   9. ....
4. ....   10. ....
5. ....   11. ....
6. ....   12. ....

5 Leggete e mettete l'accento di parola. Poi ascoltate la pronuncia e controllate.

- chirurgia • spegnere • visita • europea • baita
- autostrada • parlano • spremuta • vicino
- vicolo • leggere • passeggero • aereo • divano

6 Ascoltate le frasi e dite se si tratta di una domanda o di un'affermazione.

	Domanda	Affermazione
1.	▪	▪
2.	▪	▪
3.	▪	▪
4.	▪	▪
5.	▪	▪
6.	▪	▪
7.	▪	▪
8.	▪	▪
9.	▪	▪
10.	▪	▪

7 Indovinate l'emozione.

(Ogni studente pronuncia la frase con un'emozione a sua scelta. Gli altri devono indovinare di che emozione si tratta).

Frase da pronunciare: "Che cosa"

Emozioni:

a. sorpresa
b. esasperazione/impazienza
c. rabbia
d. indifferenza
e. preoccupazione/paura

8 Prova di recitazione

(A turno due studenti devono recitare il dialogo secondo un'emozione prestabilita. In classe si giudica chi ha riprodotto meglio l'intonazione)

ESEMPIO

A: Sono arrivati i ragazzi! *(con eccitazione)*
B: Ah, si? *(con indifferenza)*

Tavole sinottiche

Gli articoli

Articoli determinativi		
	Sing.	Pl.
M	il	i
	l'	gli
	lo	
F	la	le
	l'	

Articolo indeterminativo	
	Sing.
M	un
	uno
F	una
	un'

ESEMPI

il parcheggio	i parcheggi
l'albergo	gli alberghi
lo studio	gli studi
la stanza	le stanze
l'insalata	le insalate

ESEMPI

un parcheggio
un albergo
uno studio
una stanza
un'insalata

I nomi

Modello in -o		
	Sing.	Pl.
M	-o	-i
F	-a	-e

Modello in -e		
	Sing.	Pl.
M/F	-e	-i

ESEMPI

il panino	i panini
la casa	le case

ESEMPI

il calciatore	i calciatori
la chiave	le chiavi

I verbi ausiliari

	Presente indicativo	Passato prossimo	
essere	sono	sono	
	sei	sei	⎤ **stato/a**
	è	è	⎦
	siamo	siamo	⎤ **stati/e**
	siete	siete	
	sono	sono	⎦
avere	ho	ho	
	hai	hai	
	ha	ha	⎤ **avuto**
	abbiamo	abbiamo	
	avete	avete	
	hanno	hanno	⎦

I verbi regolari al presente

-are	-ere	-ire	
abit**are**	pren**dere**	sent**ire**	cap**ire**
abito	prendo	sento	capi**sco**
abiti	prendi	senti	capi**sci**
abita	prende	sente	capi**sce**
abitiamo	prendiamo	sentiamo	capiamo
abitate	prendete	sentite	capite
abitano	prendono	sentono	capi**scono**

I verbi riflessivi al presente

-arsi	-ersi	-irsi
alz**arsi**	mett**ersi**	vest**irsi**
mi alzo	**mi** metto	**mi** vesto
ti alzi	**ti** metti	**ti** vesti
si alza	**si** mette	**si** veste
ci alziamo	**ci** mettiamo	**ci** vestiamo
vi alzate	**vi** mettete	**vi** vestite
si alzano	**si** mettono	**si** vestono

I verbi irregolari al presente

andare	**dare**	**dire**	**fare**	**stare**
vado	do	dico	faccio	sto
vai	dai	dici	fai	stai
va	da	dice	fa	sta
andiamo	diamo	diciamo	facciamo	stiamo
andate	date	dite	fate	state
vanno	danno	dicono	fanno	stanno
uscire	**venire**	**dovere**	**potere**	**volere**
esco	vengo	devo	posso	voglio
esci	vieni	devi	puoi	vuoi
esce	viene	deve	può	vuole
usciamo	veniamo	dobbiamo	possiamo	vogliamo
uscite	venite	dovete	potete	volete
escono	vengono	devono	possono	vogliono
sapere	**salire**	**scegliere**	**togliere**	**bere**
so	salgo	scelgo	tolgo	bevo
sai	sali	scegli	togli	bevi
sa	sale	sceglie	toglie	beve
sappiamo	saliamo	scegliamo	togliamo	beviamo
sapete	salite	scegliete	togliete	bevete
sanno	salgono	scelgono	tolgono	bevono

I verbi regolari al passato prossimo

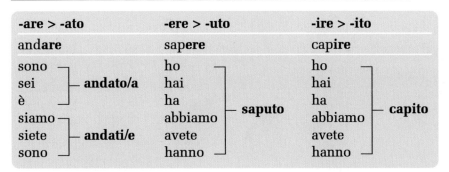

-are > -ato	-ere > -uto	-ire > -ito
and**are**	sap**ere**	cap**ire**
sono ┐	ho ┐	ho ┐
sei ├ **andato/a**	hai	hai
è ┘	ha	ha
siamo ┐	abbiamo ├ **saputo**	abbiamo ├ **capito**
siete ├ **andati/e**	avete	avete
sono ┘	hanno ┘	hanno ┘

I verbi irregolari al passato prossimo

Infinito	Participio	Ausiliare
accendere	**acceso**	*avere*
aprire	**aperto**	*avere*
bere	**bevuto**	*avere*
chiedere	**chiesto**	*avere*
chiudere	**chiuso**	*avere*
dire	**detto**	*avere*
fare	**fatto**	*avere*
mettere	**messo**	*avere*
offrire	**offerto**	*avere*
perdere	**perso**	*avere*
prendere	**preso**	*avere*
rimanere	**rimasto**	*essere*
scegliere	**scelto**	*avere*
scrivere	**scritto**	*avere*
spegnere	**spento**	*avere*
spendere	**speso**	*avere*
succedere	**successo**	*essere*
vedere	**visto**	*avere*
venire	**venuto**	*essere*
vincere	**vinto**	*avere*
vivere	**vissuto**	*avere/essere*

Gli aggettivi possessivi

(possessore)	M. Sing.	F. Sing.	M. Pl.	F. Pl.
io	il mio	la mia	i miei	le mie
tu	il tuo	la tua	i tuoi	le tue
lui /lei/ Lei	il suo	la sua	i suoi	le sue
noi	il nostro	la nostra	i nostri	le nostre
voi	il vostro	la vostra	i vostri	le vostre
loro	il loro	la loro	i loro	le loro

ESEMPI

i miei **amici**	(io)
la tua **borsa**	(tu)
i suoi **occhiali**	(lui, lei, Lei)
la nostra **casa**	(noi)
le vostre **vacanze**	(voi)
le loro **sorelle**	(loro)

I dimostrativi

	Questo	
	Sing.	Pl.
M.	questo quest'	questi
F.	questa quest'	queste

	Quello	
	Sing.	Pl.
M.	quel quell' quello	quei quegli
F.	quella quell'	quelle

ESEMPI

questo divano	questi divani
questo studente	questi studenti
quest'albergo	questi alberghi
questa stanza	queste stanze
quest'idea	queste idee

ESEMPI

quel divano	quei divani
quell'albergo	quegli **alberghi**
quello **studente**	quegli **studenti**
quella stanza	quelle stanze
quell'idea	quelle idee

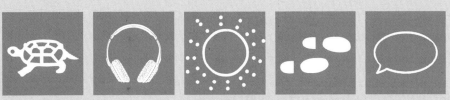

Eserciziario

Unità 1

1 Formate nuove parole con le serie di lettere date.

1. D V I C O E S M A ....
2. O S E N A O U S R ....
3. B C U E A S N E S ....
4. S I O T F C A H E ....

2 Completate le parole con le lettere mancanti.

1. _ ede _ _ o
2. Ing _ _ _terra
3. _ _ ge _ nere
4. ca _ alin _ a
5. e _ i _ iano

6. _ _ on _ iorno
7. a _ _ oca _ o
8. _ pa _ _ olo
9. G _ a _ pone
10. se _ re _ _ ria

3 Mettete in ordine le frasi.

1. di / a / ma / abito / Sono / Roma / Milano /.
2. non / sono / sono / Lei / italiano, / italiano / è / turco / No, /?
3. capito / scusi / ho / Come, / Non /?
4. e / sta / signor / c'è / buonasera, / Bianchi, / come / male, / Lei / Non/ ? / ?
5. tu / sono / e / che / fai / Io / consulente, / cosa /?

4 Guardate la foto e trovate la risposta alle domande. Usate: "Sono di", "Sono", "Mi chiamo", "Abito a".

1. Come stai?

    ....

2. Sei italiana?

    ....

3. Come ti chiami?

    ....

4. Dove abiti?

    ....

5. Che cosa fai?

    ....

5 Completate con la nazionalità. Fate attenzione al maschile e al femminile.

1. Sono di Sydney, sono ....

2. Sono .... e abito a Parigi.

3. Sono .... , di Rio de Janeiro.

4. Sono .... , di Ankara.

5. Abito a Mosca e sono ....

6. Sono di Pechino, sono ....

7. Io sono .... di Berlino.

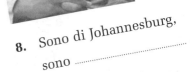

8. Sono di Johannesburg, sono ....

6 Completate con la domanda.

1. **A:** .... ?
   B: Di Bologna, e Lei?

2. **A:** .... ?
   B: No, sono tedesca, e tu?

3. **A:** .... ?
   B: A Bologna, e Lei?

4. **A:** .... ?
   B: Sono segretaria, e tu?

5. **A:** .... ?
   B: M. I. S. S. O. N. I.

6. **A:** .... ?
   B: Non c'è male, grazie.

7. **A:** .... ?
   B: Sono avvocato, signora.

8. **A:** .... ?
   B: No.

7 Inserite le seguenti espressioni nei dialoghi (anche più di 1 volta).

a. *Scusi non ho capito.*
b. *Come, scusa?*
c. *Sì, mi piace.*
d. *Ah, va bene.*
e. *Interessante!*

1. **A:** Lei è italiano?
   B: No, sono egiziano, ma abito a Verona.
   A: ....

2. **A:** Mi chiamo Yamaguchi.
   B: .... ?
   A: Y.A.M.A.G.U.C.H.I.
   B: .... , grazie.

3. **A:** Lei che cosa fa?
   B: Sono architetto di interni.
   A: ....
   B: ....

4. **A:** Io sono Barbara, e tu?
   B: Cyprien.
   A: ....
   B: Cyprien, sono francese.

8 **Trasformate da "tu" a "Lei" e viceversa.**

1. **A:** Ciao, Anna, come stai?
   B: Bene, grazie, e tu?
   A: Bene, bene. Ciao, ci vediamo.
   B: Sì, a presto.

2. **A:** Sono la signora Nastvogel.
   B: Come, scusi?
   A: N.A.S.T.V.O.G.E.L.
   B: Ah, va bene, grazie. Arrivederci, signora.

3. **A:** Tu sei di Vienna?
   B: No, sono di Zurigo. E tu?
   A: Io sono di Vienna, ma abito a Copenhagen.

4. **A:** Che cosa fa a Milano?
   B: Sono consulente finanziario.
   A: Ah, interessante! E dove abita?
   B: Abito a Como.

9 **Guardate la foto e immaginate il dialogo fra i due giovani.**

Unità 2

1 Trovate la parola nascosta.

1. NEGOUCI ....
2. DOZZINIRI ....
3. NONIGRISA ....
4. SEQUARTU ....

5. DOLMUO ....
6. MONGECO ....
7. REMONU ....
8. MECUNO ....

2 Completate con *avere* o *essere*.

1. **A:** Quante figlie .... , signora Venditti?
   B: Due. La grande .... sposata e .... un bambino.
   A: Complimenti!

2. **A:** .... italiano?
   B: Sì, però .... nato in Grecia.

3. **A:** Qual .... il tuo numero di telefono?
   B: 339 3452316

4. **A:** .... di qui, voi?
   B: No, ... di Padova.

5. **A:** Quanti anni .... ?
   B: Io .... 16 anni, e lei .... due anni meno di me.

6. **A:** Dove .... Vincenzo e Gigi?
   B: .... in posta per delle raccomandate.

3 Completate con il singolare o il plurale della parola data. Attenzione al maschile e femminile.

1. Paola e Giorgia non sono .... , sono ....   (sposato/nubile)

2. La signora Ferrari è .... da 10 anni.   (vedovo)

3. **A:** Siete .... ?   (italiano)
   B: No, siamo ....   (russo)

4. **A:** Lei ha .... ?   (figlio)
   B: Sì, ho due .... , Monica e Simona.   (figlio)

5. I .... McDonnell sono .... , di Belfast.   (coniuge/irlandese)

6. **A:** Ha un .... ?   (documento)
   B: Sì, ho la carta d'identità.

4 Scrivete in lettere i seguenti numeri.

1. 45 ....

2. 19 ....

3. 7 ....

4. 68 ....

5. 31 ....

6. 94 ....

7. 14 ....

8. 100 ....

5 Trovate la domanda.

1. **A:** .... ?
   B: No, sono separato.

2. **A:** .... ?
   B: 23.

3. **A:** .... ?
   B: No, mi chiamo Barberi.

4. **A:** .... ?
   B: No, è il 334 567845.

5. **A:** .... ?
   B: Michele.

6. **A:** .... ?
   B: Sì.

6 Compilate il modulo della posta.

7 Leggete la presentazione e correggete gli errori nel modulo.

Mi chiamo Angelo Vitti.
Sono italiano, ma sono nato
in Argentina, a Buenos Aires,
il 15/10/1977.

Adesso abito a
Roma per lavoro,
in Via Mazzini 36.

Non sono
sposato, ma ho un figlio
di 3 anni: lui abita a
Verona, con sua madre,
Sabina.

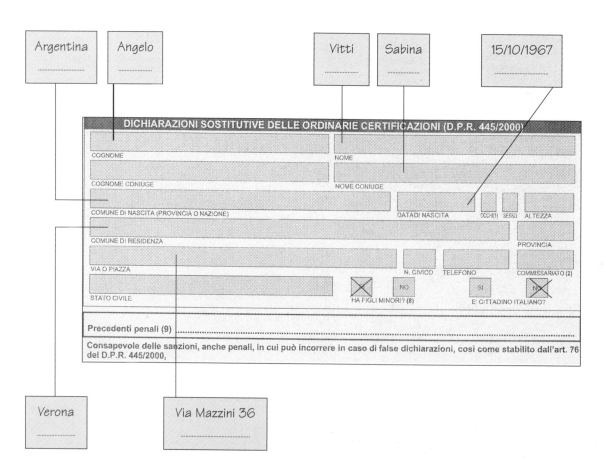

Argentina Angelo   Vitti Sabina   15/10/1967

Verona   Via Mazzini 36

8 Completate con la parola mancante.

1. **A:** Lei è sposato?
   B: No, sono ....

2. **A:** Qual è il suo .... ?
   B: Piazza Morgagni 71

3. **A:** Scusa, questo è il tuo .... ?
   B: No, il mio è il 456734

4. **A:** Lei è la signora Rossi?
   B: .... ! Non sono sposata.

5. **A:** Scusi, per il permesso di soggiorno?
   B: Deve andare in ....

6. **A:** Quando sei .... ?
   B: Il 30 /04/1983

9 Guardate la foto e date una descrizione libera della persona.

Unità 3

1 Completate le parole con le lettere mancanti.

1. _ C O _ T _ I N _
2. B I _ C _ I _ R E
3. D E _ A _ _ E I _ A _ O
4. _ O C A _ _ I _
5. M _ _ E R A _ E
6. _ R _ N C _ A
7. S _ _ E _ U _ A
8. _ A _ E _ _ E _ E
9. B O _ _ _ G _ _ A
10. _ A _ _ O

2 Mettete la forma corretta dell'articolo *un* davanti ai seguenti nomi.

1. .... aperitivo
2. .... aranciata
3. .... spremuta
4. .... piadina
5. .... mezza minerale
6. .... euro
7. .... spumante
8. .... caffè
9. .... acqua
10. .... strudel

3 Che differenze ci sono? Confrontate le due vignette e trovate le 7 differenze. Usate "c'è /ci sono".

▮4 Correggete gli articoli indeterminativi sbagliati.

1. A: Prendi anche tu un'aperitivo?
B: No, vorrei un strudel con il tè.

2. A: Io prendo un gelato, e voi?
B: Io vorrei un decaffeinato.
C: Per me uno succo di frutta.

3. A: Pago una spremuta e un insalata.
B: Sono 5 euro e cinquanta.

4. A: Tre caffè per favore.
B: Bene.
A: Scusi! Anche un cappuccino.

5. A: Un acqua minerale, per favore.
B: Gassata o naturale?
A: Gassata.

▮5 Trovate la parola corrispondente alla definizione.

1. Caffè con latte ....
2. Acqua minerale con gas ....
3. Succo di frutta fresca ....
4. Centesimi ....
5. Ricevuta del conto pagato ....
6. Acqua senza gas ....
7. Piccolo panino a triangolo ....
8. Caffè con il liquore ....

▮6 Completate il dialogo al bar.

A: Ci sediamo qui?
B: ....
A: Ah, ecco il cameriere.
C: ....
B: Buonasera. ....
C: Come lo vuole?
B: ....
C: E per Lei?
A: ....
C: Caldo?
A: ....
[...]
C: Prego, sono 12 euro.
B: ....

▮7 *Voglio* o *vorrei*? Inserite la forma giusta.

1. A: Che cosa prende?
B: .... un cappuccino tiepido e un cornetto.

2. A: Prendi una birra?
B: No, grazie, ... bere.

3. A: Che caldo, ... sedermi a un bar e bere un litro d'acqua!
B: Guarda, c'è un bar laggiù. Che fortuna!

4. A: Per me una mezza minerale gassata.
B: E per Lei?
A: .... una coca cola senza ghiaccio.

5. A: Non vuoi la pizza anche tu?
B: .... niente, grazie, sono a posto così.

Unità 4

1 Completate le parole con le lettere mancanti.

1. D _ TE _ SI _ O
2. CA _ _ A IG _ _ NI _ A
3. SC _ F _ A L _
4. M _ R _ A _ _ LLA
5. _ A R _ E L _ _
6. _ _ C _ H _ _ O
7. B I _ _ _ T _ I
8. S _ A _ _ E _ _ I
9. _ O G _ _ T
10. _ A _ _ E

2 Mettete la forma corretta dell'articolo *un* davanti ai seguenti nomi.

1. .... insalata
2. .... chilo di pesche
3. .... scatoletta di tonno
4. .... pane integrale
5. .... yogurt magro
6. .... acqua gassata
7. .... pezzo di parmigiano
8. .... scaffale del supermercato

3 Mettete l'articolo determinativo giusto davanti ai nomi della lista dell'attività 2.

4 Correggete gli articoli determinativi sbagliati.

1. **A:** Che cosa manca ancora?
   B: Il latte e la yogurt.

2. **A:** Abbiamo tutto?
   B: Sì... ah, no, aspetta, ho dimenticato lo detersivo per la lavastoviglie!

3. **A:** Hai un euro per il carrello?
   B: Ecco, tieni.

4. **A:** Per stasera va bene la pasta?
   B: Sì, dai, prendiamo i spaghetti.

5. **A:** Allora, prendo il zucchero e poi ho finito.
   B: Va bene, ci vediamo alle casse. No, aspetta! Il caffè!
   A: Ah, già! Allora prendo anche l'olio.

5 **Trovate la parola corrispondente alla definizione.**

1. 100 g ....
2. circa 2 ....
3. molta gente alla cassa ....
4. una parte di parmigiano ....
5. una parte di emmental ....
6. 500 g ....
7. contenitore per pasta, biscotti, zucchero ....
8. 1000 g ....

6 **Articolo determinativo o indeterminativo? Completate il dialogo con la forma corretta.**

A: Fabio, hai .... euro per il carrello?

B: Ecco, tieni.

A: Grazie. Allora, per prima cosa prendiamo .... frutta.

B: Sì, io prendo .... ananas e anche .... paio di pompelmi, tu che vuoi?

A: Mah, vediamo… .... po' di arance e .... vaschetta di fragole.

B: Adesso, ... verdura, ... pane, ... latte e .... yogurt.

A: Sì, ci penso io, tu prendi .... passata di pomodoro e .... biscotti.

B: Va bene. Ah, e .... formaggio?

A: No, in frigo ci sono ancora .... pezzo di parmigiano e .... mozzarelle di bufala.

B: Allora basta, no?

A: Mi sembra di sì… Ah, no, aspetta, ... acqua e .... shampoo!

B: Ok, vado io, tu aspettami alla cassa.

[...]

C: Buongiorno, ha .... tessera Coop?

A: No.

C: Vuole .... sacchetto?

A: Sì, grazie.

C: Sono ventidue euro e trentasei centesimi.

A: Pago con .... bancomat.

C: Sì… Ecco, può digitare .... codice.

A e B: Grazie, arrivederci.

7 **Organizzate una cena. Leggete le indicazioni e scrivete un dialogo per decidere la lista della spesa.**

n. persone : 10
menù: primo, secondo, verdura e dolce
da bere: aperitivo + bevande alcoliche e analcoliche

Unità 5

1 Trovate le 12 parole nascoste nel riquadro. Le parole sono in orizzontale, verticale e diagonale.

S	T	D	H	U	G	L	E	P
E	F	E	P	A	B	N	C	A
G	E	S	I	P	O	D	L	R
N	R	T	E	I	S	N	S	C
A	M	R	Z	A	P	E	I	H
L	A	A	C	Z	E	A	N	E
E	T	N	F	Z	D	V	I	G
S	A	O	P	A	A	C	S	G
B	U	C	R	I	L	A	T	I
A	N	T	I	M	E	T	R	O
L	S	I	N	I	S	D	A	L
O	I	N	C	R	O	C	I	O

2 Osservate la cartina e rispondete alla domanda con 2 alternative. Siete alla stazione "Repubblica".

A: Scusi, questa linea va bene per Loreto?

B: ....

....

....

....

LEGENDA

M METROPOLITANA LINEA 1	COLLEGAMENTO FERROVIARIO PER MALPENSA
M METROPOLITANA LINEA 2	COLLEGAMENTO AUTOMOBILISTICO AEROPORTI
M METROPOLITANA LINEA 3	AUTOBUS 73 PER LINATE
COLLEGAMENTO CON OSPEDALE S. RAFFAELE	INTERSCAMBIO CON RETE FERROVIARIA
R PASSANTE FERROVIARIO MILANESE	CAPOLINEA AUTOBUS EXTRAURBANI
CAPOLINEA	**H** OSPEDALE
PUNTO INFORMAZIONI E ABBONAMENTI ATM	**P** AREE DI SOSTA ATM DI CORRISPONDENZA
LIMITE TARIFFA URBANA	

AGGIORNAMENTO: MAGGIO 2002

3 Leggete le istruzioni e osservate la cartina della Sardegna. A quale posto si riferiscono? Scegliete fra 1, 2 e 3.

Come arrivare

In nave: porto di Olbia a 82 km; porto di G. Aranci a 87 km; porto di P. Torres a 94 km.
In aereo: aeroporto di Olbia a 80 km; aeroporto di Alghero a 112 km.

1.   ▩   Coda Cavallo
2.   ▩   Stazzareddu
3.   ▩   Alghero

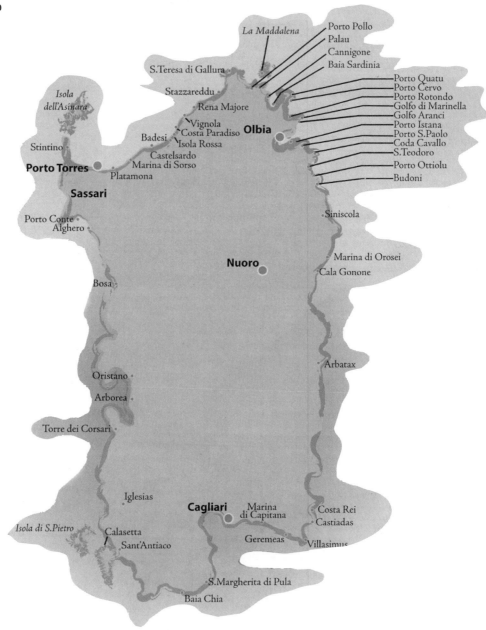

4 Trasformate le istruzioni dell'esercizio 3 in frasi compiute. Usate: "deve", "per arrivare" e i verbi appropriati.

Unità 6

1 Formate 4 parole con i seguenti frammenti. Attenzione! Alcuni frammenti sono in più.

2 Completate con "andare" o "venire".

1. **A:** Dove .... in vacanza quest'anno?
    B: .... in crociera sul Mediterraneo.

2. **A:** Hotel Iris.
    B: Buongiorno, un'informazione. Per .... da voi in macchina da Lucca che strada devo fare?

3. **A:** .... al mare per il fine-settimana?
    B: No, restiamo in città.

4. **A:** Noi .... in spiaggia, ... anche voi?
    B: Sì, perché no?

5. **A:** Scusi, le camere quanto .... a notte?
    B: 55 la singola e 65 la doppia.

3 Trovate gli errori (3) nell'uso di "quale" e "quanto".

1. **A:** Quali camere ha l'albergo?
    B: 34.

2. **A:** Abbiamo una doppia o una matrimoniale. Quanto desidera?
    B: Va bene la doppia.

3. **A:** Per arrivare da voi quale uscita devo prendere?

   B: L'uscita di Varese.

4. **A:** Scusi, qual è la mia camera?

   B: La seconda a destra davanti all'ascensore.

5. **A:** Scusi, qual è il parcheggio dell'albergo?

   B: Quello in fondo a sinistra.

   A: Grazie.

6. **A:** E quale viene?

   B: 110 euro a notte.

4 **Completate la descrizione dell'albergo con le seguenti preposizioni e gli articoli necessari.**

● di fronte ● accanto ● vicino ● in fondo ● fino + *a*

L'Hotel Sempione si trova in Piazza della Repubblica, ... stazione centrale. Per arrivare all'Hotel dalla stazione, dovete andare avanti per circa 300 metri .... primo semaforo, poi girate subito a sinistra e trovate l'Hotel .... una piccola strada privata, ... un garage riservato ai clienti dell'Hotel. L'Hotel Sempione ha un American bar, ma se volete mangiare, ... albergo c'è un tranquillo ristorante con cucina tipica a prezzi ragionevoli.

5 **Scegliete la parola giusta per completare le frasi. Attenzione! Alcune parole sono in più.**

● può ● deve ● viene ● costa ● colazione ● cena ● disponibilità ● in fondo ● davanti ● ci vuole
● ci vogliono ● prenotare ● pagare ● doppia ● singola ● matrimoniale

A: Buongiorno, avete .... di una .... dal 2 al 6 giugno?

B: Vediamo... C'è una camera ...., va bene?

A: Sì. Quanto ....?

B: Sono 130 euro a notte.

A: La .... è compresa?

B: Sì, certo.

A: Posso .... adesso?

B: Sì, però .... anche fare un deposito di 100 euro.

A: Va bene. E senta, la spiaggia è lontana dall'albergo?

B: No, è proprio .... all'hotel, ... appena 5 minuti a piedi.

6 Leggete la scheda informativa dell'Hotel Arizona. Completate la descrizione dell'albergo con le informazioni della scheda.

Scheda Hotel Arizona- Igea marina	
Distanza dal centro	50 metri
Stabilimento Balneare	Convenzionato. Raggiungibile dal lungomare. Ombrellone e sdraio a pagamento.
Camere	125
Servizi in camera	Aria condizionata, asciugacapelli, telefono, televisore, ventilatore, cassaforte.
Servizi comuni	Ristorante, prima colazione a buffet, TV, bar, sale soggiorno e relax, due terrazze-solarium, zona bambini, parcheggio a pagamento.
Sport e divertimenti	Compresi nel prezzo: due piscine, idromassaggio, windsurf, tiro con l'arco, nuoto per bambini, ginnastica. Festa danzante con rinfresco una volta alla settimana.

Hotel Arizona - Igea marina

Situato sul lungomare, a .... dall'isola pedonale del centro, l'Hotel Arizona ha tutte le caratteristiche per chi vuole divertirsi sulle splendide spiagge del litorale adriatico. Le sue .... camere sono dotate di .... , televisore e ....

Presso lo .... convenzionato, gli ospiti possono trovare ombrellone e .... a ....

I servizi comuni comprendono .... con prima .... a buffet, ... soggiorno e relax e .... terrazze. Il .... è a pagamento. È .... nel prezzo l'uso delle piscine, l'idromassaggio e la zona per i bambini. L'hotel offre la possibilità di .... e .... , come tiro con l'arco, ginnastica e festa danzante una volta alla settimana.

Unità 7

1 Inserite nelle caselle vuote le coppie di lettere in basso per completare il minidialogo.

	ME		PER		VO		SU		TO

RE - BI - IL - FA - NU

2 Abbinate la foto alla descrizione del piatto.

1. ▢ è un dolce di frutta, cioccolato e panna
2. ▢ è un contorno di verdure fritte
3. ▢ è un secondo di pesce con patate
4. ▢ è un antipasto di formaggio fresco
5. ▢ è un primo di riso e pesce

3 Completate il menù con *a*, *di*, *con* e gli articoli se necessario.

Ristorante La Piazzetta

Antipasti

Insalata .... mare

Crostini .... paté .... olive

Primi

Risotto .... pescatora

Penne .... arrabbiata

Tortellini .... panna e prosciutto

Menù del giorno

Secondi

Fritto misto .... pesce

Filetto .... pepe verde

Pollo .... limone

Frutta e Dolci

Frutta .... stagione

Macedonia .... gelato .... vaniglia

Torta .... cioccolato

4 Inserite i pronomi diretti *lo, la, li, le*.

1. **A:** Allora, io prendo la birra, e tu?

   B: No, non _____ voglio, per me solo acqua minerale.

2. **A:** Che cosa avete di primo?

   B: Risotto alla pescatora, tagliatelle al sugo di carciofi, oppure gnocchi di patate fatti in casa.

   A: Fatti in casa... Va bene, _____ provo.

3. **A:** Posso offrirvi qualcos'altro, un caffè, un digestivo?

   B: Per me no, grazie.

   C: Io, invece, il caffè _____ prendo volentieri.

4. **A:** Senti, queste tagliatelle sono troppe per me, _____ vuoi tu?

   B: Sei sicuro che non _____ mangi?

   A: Sì, certo.

   B: Beh, grazie, _____ finisco volentieri.

5. **A:** Scusi, il conto, per cortesia.

   B: _____ porto subito.

5 Completate il dialogo.

A: Tutto a posto, signori? Gradite qualcos'altro, un caffè?

B: _____ .

C: _____ .

A: Benissimo. Posso offrirvi un amaro, un digestivo...

C: _____ ?

B: No, meglio di no.

C: _____ .

A: Benissimo. Allora, un amaro e un espresso.

C: _____ ?

A: Certo, subito.

6 Inserite nelle frasi il pronome giusto con il verbo *piacere*.

1. **A:** Prendi anche tu i tortellini alla panna?

   B: Veramente non _____ molto.

2. **A:** In questo ristorante fanno molto bene il pesce, so che _____ .

   B: Ah, sì, _____ moltissimo!

3. **A:** Signora, ... i funghi?

   B: Sì, molto.

   A: Qui fanno un ottimo risotto con i porcini.

   B: Ah, sì? Lo prendo volentieri!

4. **A:** Che cosa c'è, stai male?

   B: No, è che questa pasta non .... , la vuoi tu?

   A: Scusa, ma perché non .... ?

   B: Mah, non so, forse c'è troppa panna... Se tu la mangi...

   A: Va be', la finisco io.

5. **A:** Ragazzi, le verdure .... , vero?

   B e C: Sì, ... molto, perché?

   A: Meno male, questo è un ristorante vegetariano!

■7 **Riscrivete le frasi con i pronomi al posto dei nomi ripetuti.**

1. **A:** Vuoi il caffè?

   B: No, grazie, non posso prendere il caffè.

   ....

2. **A:** Mi passi l'acqua?

   B: Certo, ecco l'acqua.

   ....

3. **A:** Anche tu prendi la pasta?

   B: No, oggi non voglio la pasta, preferisco un risotto.

   ....

4. **A:** Tutto questo pesce è troppo per me. Vuoi finire tu il pesce?

   B: Beh, se tu proprio non vuoi il pesce, grazie.

   ....

5. **A:** Posso offrirvi un amaro, signori?

   B: No, grazie, non beviamo mai l'amaro.

   ....

6. **A:** Avete le orecchiette alla pugliese?

   B: Mi dispiace, signora, oggi non abbiamo le orecchiette alla pugliese.

   ....

Unità 8

1 Trovate nel riquadro i negozi per i seguenti prodotti.

1. mobili ....
2. cellulari ....
3. lenti a contatto ....
4. libri ....

T	T	I	A	A	D	L	R
E	E	D	R	R	N	S	C
L	L	Z	R	R	E	I	S
A	E	P	E	E	A	N	A
T	F	R	D	D	V	I	P
A	O	O	A	A	C	S	I
U	N	F	E	M	A	T	C
L	I	B	R	E	R	I	A
S	A	C	I	N	D	A	L
I	U	O	T	T	I	C	A
C	G	U	R	I	O	E	C

2 Collegate a ogni prodotto almeno due parole della lista.

a. modello
b. colore
c. numero
d. finanziamento

2

1

3

4

3 Scrivete in cifre i seguenti numeri.

1. 1250 ....
2. 5000 ....
3. 2370 ....
4. 699 ....
5. 821 ....
6. 7500 ....

4 Inserite nelle frasi *mi/ti...* o *a me/a te...* e la negazione del verbo *piacere* se necessario.

1. **A:** Allora, che dici, lo prendo?
    B: Mah, non so, ... piace tanto il modello.

2. **A:** Questo negozio ha delle cose bellissime, ... piacciono molto, e .... ?
    B: Beh, sì, qualcosa .... piace, però hanno dei prezzi assurdi!

3. **A:** Come vanno le scarpe, signora?
    B: Bene, ... piacciono, le prendo.
    A: Prego, si accomodi alla cassa.

4. **A:** Se questo colore .... piace, signori, abbiamo anche il blu e il beige.
    B: Non so... Tu che dici, quale colore .... piace di più?
    C: Mah, ... piace molto il blu, veramente.
    B: Beh, allora vediamo il beige.
    A: Subito.

5. **A:** Guarda che bella lampada!
    B: .... piace? .... no.
    A: Ma come no?! È perfetta per il salotto.
    B: Mah, ... piace molto di più quella nera e argento.

6. **A:** Ragazzi, allora, che cosa regaliamo a Luisa?
    B e C: .... piace questo.
    A: Siete tutti d'accordo?
    D e E: Veramente .... piace, è meglio l'altro.
    A: Uffa, dobbiamo deciderci!

5 Leggete la descrizione e completate la scheda del prodotto.

ASCIUGACAPELLI
PHILIPS
JET SET CONTROL ION HP4883
Tecnologia a ioni. Potenza 2000Watt.
2 velocità. 3 regolazioni di temperatura.
Jet turbo boost. Colpo d'aria fredda.
Diffusione d'aria in dotazione.

€ **29,00**

SCONTO PER SOCI   **15%**

€ **24,65**

Modello
....

Colore
....

Prezzo
....

Caratteristiche
....
....
....
....

6 "Questo" o "quello?". Completate con gli aggettivi o pronomi giusti.

A: C'è qualcosa che ti piace?
B: A me piacciono abbastanza .... stivali.

A: .... bianchi? Ma no, dai! Piuttosto, ... qui di pelle nera.

B: Ma neri li ho già, vorrei cambiare un po', prendere qualcosa di più moderno...

A: Va bene, però .... bianchi sono un po' ridicoli.

B: Senti, e .... verdi ti piacciono?

A: Gli stivali mi piacciono, ma il colore no.

B: No? È molto di moda .... anno.

A: No, dai, verdi!

B: Be', allora chiedo se ci sono in un altro colore. Scusi!

C: Prego.

B: .... stivali qui ci sono solo in verde?

C: .... in camoscio? Sì, c'è solo il verde.

B: Ah...

C: Altrimenti c'è .... modello qui in pelle.

B: Mah... Tu che dici?

A: Ma perché vuoi proprio gli stivali? Guarda come sono belle .... scarpe lì!

B: Quali? .... marroni? Mah, non so, non mi piacciono molto.

C: Se vuole abbiamo anche .... scarpa in vitello, oppure .... tipo sportivo...

A: Grazie, preferisco pensarci un po'.

C: Certo, non c'è problema.

A e B: Grazie mille, arrivederci.

C: Arrivederci.

Unità 9

1 Ricostruite i 10 verbi nei frammenti.

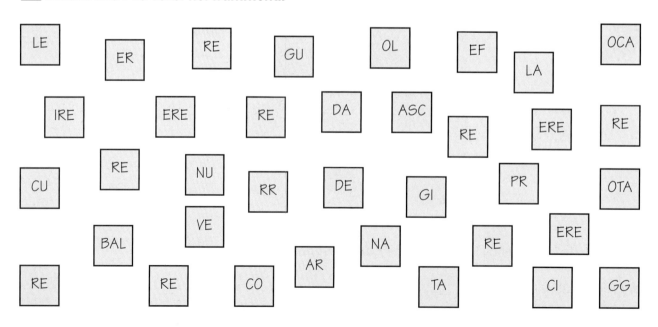

1. _____		6. _____
2. _____		7. _____
3. _____		8. _____
4. _____		9. _____
5. _____		10. _____

2 Scegliete *a* o *b* per spiegare il significato delle seguenti parole.

1. Occasionale
   a ▨ qualche volta
   b ▨ spesso

2. Settimanale
   a ▨ due volte alla settimana
   b ▨ tutte le settimane

3. Mensile
   a ▨ due volte al mese
   b ▨ tutti i mesi

4. Abituale
   a ▨ sempre
   b ▨ qualche volta

5. Sporadico
   a ▨ raramente
   b ▨ spesso

3 Completate con gli avverbi di frequenza.

1. **A:** Guardi _____ la televisione la sera?
   B: No, proprio non mi interessa.

2. Mi piace da morire il cinema, vado _____ a vedere un film il sabato.

3. **A:** Ti piace viaggiare?
   B: Sì, ma non ho tempo, quindi lo faccio _____ .

4. **A:** Fate sport?
   B: Io sì, _____ : almeno due volte alla settimana vado in palestra.
   C: Io faccio poco sport: _____ vado in piscina, ma non più di una volta al mese.

5. **A:** A noi piace molto la cucina esotica, andiamo _____ al ristorante giapponese, o indiano.
   B: Noi non andiamo _____ al ristorante giapponese: preferiamo la cucina italiana.

6. **A:** Vuoi un po' di vino?
   B: No, grazie, non bevo _____ alcolici.
   A: Anch'io _____ non bevo, ma oggi mi va un aperitivo.

7. **A:** Noi andiamo alla discoteca latino-americana giovedì, venite anche voi?
   B: Grazie, ma il giovedì sera siamo _____ a cena a casa di mia madre.

8. **A:** Prendi la macchina per andare al lavoro?
   B: No, _____ vado con i mezzi, perché è difficile trovare parcheggio.

4 *In, a, al*? Mettete la preposizione giusta davanti al nome. Aggiungete l'articolo se necessario.

1. .... mare
2. .... palestra
3. .... piscina
4. .... cinema
5. .... discoteca

6. .... ristorante
7. .... teatro
8. .... museo
9. .... università
10. .... pizzeria

5 *Martedì* o *il martedì*? Completate con il giorno della settimana e l'articolo se necessario.

1. **A:** Maria non c'è?
   B: No, ... va sempre in palestra.

2. **A:** Ci vediamo .... ?
   B: D'accordo. Alle 12:30?
   A: Perfetto.

3. **A:** Sei libero la prossima settimana?
   B: Allora, ... e .... sono all'università, ti va bene .... ?
   A: Purtroppo no, ... ho il corso d'inglese.

4. **A:** Quando andate a ballare?
   B: Di solito .... , ma qualche volta anche ....

5. **A:** Questa settimana sono molto occupato, ... vado a Roma per tre giorni e .... arrivano i miei amici di Padova.

6 Collegate le frasi delle due liste.

1. Anche voi
2. Ragazze,
3. Noi invece
4. Signora Ghizzardi,
5. Le ragazze
6. Angelo
7. Io
8. E tu

a. di solito dorme nel pomeriggio.
b. finiscono sempre tardi il mercoledì.
c. non amo molto il cinema.
d. che cosa fai la sera?
e. uscite spesso la sera.
f. non vi piace lo sport?
g. che cosa fa la sera?
h. raramente restiamo a casa la sera.

7 Completate con i verbi dati al presente.

● pensare ● andare (3) ● fare (2) ● uscire ● organizzare ● stare ● venire ● preferire

A: .... a teatro domenica?

B: Mah, veramente non .... mai a teatro.

A: Perché? Non ti piace?

B: No, è che .... fare altre cose.

A: E che .... di solito?

B: .... molto sport, oppure .... con gli amici e .... a ballare.

A: D'accordo, senti, so che la prossima settimana Aldo e Manuela .... una gita al lago, magari possiamo andare con loro.

B: Al lago... sì, perché no? Se la giornata è buona, posso fare windsurf. Ma dove .... ?

A: .... a casa della nonna di Manuela: è molto grande e non ci .... mai nessuno.

B: Fantastico!

▮8 Trovate la domanda.

1. **A:** .... ?

   B: Due volte alla settimana.

2. **A:** .... ?

   B: Veramente non mi piace.

3. **A:** .... ?

   B: Sì, sempre.

4. **A:** .... ?

   B: Lui sì, io no.

5. **A:** .... ?

   B: No, perché non abbiamo tempo.

6. **A:** .... ?

   B: Di solito vanno al lago.

▮9 Leggete il racconto di Alex e correggete gli errori del giornalista.

Ciao, sono Alex, faccio il consulente finanziario. Di giorno lavoro molto, quindi mi piace uscire la sera con gli amici. Nel tempo libero mi dedico allo sport, sono un appassionato di pesca subacquea e di calcio. La mia ragazza dice che preferisco passare la domenica allo stadio piuttosto che stare con lei! Naturalmente non è vero, ma lei è una che passa il tempo libero a fare shopping, una cosa che odio. Comunque a tutti e due piace il mare, e questo è molto importante. Le prossime vacanze le passiamo in barca a vela, facciamo il giro delle isole greche: non vedo l'ora!

Racconto del giornalista

Alex è consulente finanziario. Lavora molto, quindi esce raramente la sera. Lo sport gli piace abbastanza, soprattutto la pesca subacquea e il calcio. La ragazza di Alex ama fare shopping, perciò spesso lui la accompagna e non va a vedere la partita la domenica. Le prossime vacanze le passano insieme al mare, forse in Grecia, forse in Turchia.

Unità 10

1 Inserite nelle caselle vuote le lettere per completare il minidialogo.

A: V _ _ L _   _ N _ R _ I   _   _ O _ ?
B: _ H _   _ E _ T _ L _ ,   _ O L _ _ T _ _ R _

2 Che cosa risponde Marina a Giorgio? Cercate le 6 parole nel riquadro e formate la frase. Le parole sono in orizzontale, verticale e diagonale.

Ti va di fare qualcosa sabato sera?

S	T	D	H	U	G	U	E	P
I	Q	E	P	H	B	N	C	B
M	E	S	I	P	O	D	L	R
P	R	T	G	I	A	N	O	C
E	H	R	F	A	P	T	I	S
G	A	I	C	Z	A	A	N	E
N	L	N	F	B	D	V	I	M
O	A	O	A	U	A	C	I	G
M	P	S	R	I	L	M	T	I
L	S	Z	N	I	S	D	A	L
O	I	G	R	A	Z	I	E	O

3 Osservate le foto e immaginate inviti o appuntamenti per ognuna.

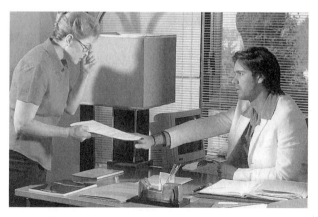

4 Completate l'invito con con le parole mancanti.

La .... è .... alla festa di laurea del

Dott. Mario Melandri

.... 25 maggio 20:30

.... "Gattopardo" – Padova

È .... la ....

Tel.: 334-564786

5 Rifiutate i seguenti inviti.

1. **A:** Signora, Le va di venire con noi a teatro?
    B: ....

2. **A:** Sabato c'è la festa per il compleanno di Carlo. Tu vieni, vero?
    B: ....

3. **A:** Vogliamo andare al ristorante cinese?
    B: ....

4. **A:** Ragazze, vi va di venire con noi in gita a Bergamo?
    B: ....

5. **A:** Venerdì inauguriamo la nuova casa. Venite anche voi?

    B: ....

6. **A:** Vuole festeggiare il Capodanno con noi?

    B: ....

6 Scrivete un commento per le seguenti situazioni. Usate "che" + aggettivo o nome.

1. Guarda! 20 euro!

    ....

2. Mi dispiace, signora, l'albergo è completo.

    ....

3. Oggi siamo chiusi signora, deve tornare domani.

    ....

4. Lei può avere uno sconto del 40%.

    ....

5. Signora, se vuole posso accompagnarla io alla stazione...

    ....

6. Quella ragazza è la fidanzata di Giorgio...

    ....

7 Completate la telefonata.

A: Studio del dottor Bertelli.

B: ....

A: Ah, sì, buonasera. Purtroppo questa settimana non è in ufficio.

B: ....

A: Guardi, martedì prossimo sarà impegnato fino alle 18:00.

B: ....

A: Sì, dopo le 19:00 è possibile.

B: ....

A: Sì, la faccio chiamare per la conferma.

B: ....

8 "È" o "sarà"? Completate con la forma giusta.

1. L'avvocato .... all'estero dal 24 al 30 del mese prossimo.
2. Oggi il dottore .... molto occupato, possiamo fissare un appuntamento per domani sera, se vuole.
3. Fra un mese esatto .... il compleanno di mio padre, e non so ancora che cosa regalargli.
4. Il dottore .... in riunione, posso farla richiamare?
5. .... possibile fissare un appuntamento dopo le 19:00?
6. La fiera .... a Francoforte dal 19 al 23 ottobre.

9 Osservate l'agenda del dottor Sardi e scrivete dove sarà per tutta la settimana.

LUNEDÌ 23	MARTEDÌ 24	MERCOLEDÌ 25	GIOVEDÌ 26	VENERDÌ 27	SABATO 28	DOMENICA 29
			7:00 Treno per Roma	8:30		
	9:30 – 11:00 Videoconferenza con Varsavia		11:30 – 17:00 Convegno	Visita medica		
		13:00 Pranzo con il direttore della banca				12:30 Compleanno mamma
14:30 Riunione con il capo				15:00 riunione per il budget		
		16:15 Presentazione progetto				
	20:00 – 21:30 Palestra		19:30 Treno per Bologna			
20:30 cena da Mario					21:00 Cena con Silvia	

Lunedì 23 il dottor Sardi ....

....

....

....

....

10 Leggete gli appunti della segretaria per l'avvocato e immaginate la telefonata con il dottor Berardi.

Memorandum	
A:	Avvocato Mariani
Da:	Dott. Berardi
Data:	05/02
Oggetto:	Spostamento incontro

Il dott. Berardi chiede di spostare l'appuntamento al giorno 24, possibilmente dopo le 18:00. Aspetta una conferma.

Lisa.

Unità 11

1 Completate le seguenti parole con le iniziali. Alla fine prendete due lettere da ogni parola e formate un'altra parola.

1. _ R I M O
2. _ O G G I O R N O
3. _ N G O L O
4. _ A M E R A
5. _ T A B I L E

_ _

2 Trovate la parola corrispondente alla definizione.

1. una "casa" per la macchina ....
2. stanza, camera ....
3. bagno e cucina ....
4. grande ....
5. con tutti i mobili ....
6. vicino ai mezzi pubblici ....
7. costi per luce, gas, telefono, ecc. ....
8. pagamento mensile al proprietario dell'appartamento ....

3 Scrivete in lettere i numeri ordinali.

1. 8° ....
2. 15° ....
3. 32° ....

4. 20° ....
5. 64° ....
6. 100° ....

4 Scrivete una sola frase usando "più/meno... di".

1. **a:** Il bilocale costa 1200 euro al mese.
   b: Il monolocale costa 850 euro al mese.

   ....

2. **a:** Il bilocale è a 30 minuti di macchina dal centro.
   b: Il monolocale è vicino alla stazione centrale.

   ....

3. **a:** La mansarda è di 55 mq.
   b: L'attico è di 110 mq.

   ....

4. **a:** La villa ha un parco privato.
   b: L'appartamento è sulla strada.

....

5. **a:** Questo stabile è degli anni '60.
   b: Quello stabile è degli anni '90.

....

6. **a:** Questo appartamento è arredato.
   b: Quell'appartamento è vuoto.

....

5 Com'è? Leggete l'articolo e scrivete la descrizione dell'appartamento ristrutturato.

● risponde l'architetto

Due locali + bagno e cucina
per stare bene anche
in quattro

Abbiamo deciso, io e mia moglie, che d'ora in poi vivremo
buona parte dell'anno nel nostro appartamentino al mare,
che vorremmo perciò ristrutturare. Nel bagno da rifare,
con la doccia al posto della vasca, ci farebbe comodo il wc
indipendente. Ci piacerebbe anche poter ospitare
occasionalmente una coppia di amici.   (Vito S., Napoli)

DOPO

PRIMA

zona letto · soggiorno · cucina · rip · ingresso · bagno

40 mq

Con un bagno
solo, avere
i sanitari separati
consente l'uso
contemporaneo di
lavabo o doccia.

6 Osservate le immagini nell'attività 5 e fate il confronto fra prima e dopo.

Adesso l'appartamento è ....

....

....

Adesso l'appartamento ha ....

....

....

■7 Completate la telefonata.

A: Agenzia immobiliare, buongiorno.

B: ....

A: Sì, certo, mi dica.

B: ....

A: No.

B: ....

A: 650 euro.

B: ....

A: Sì. Vuole fissare un appuntamento?

B: ....

A: Certo.

B: ....

A: Prego, arrivederci.

■8 Osservate la foto e correggete gli errori nell'annuncio.

IMMOBILIARE MASERA S.R.L.
Intermediazione immobiliare
20129 Milano - Via Masera, 10
Tel 02 74.28.11.34 Fax 02 20.42.10.42

AD.ZE REPUBBLICA

Attico per amatori
completamente nuovo,
bilocale mq.50 + terrazzo mq.90 camino, aria condizionata,
riscaldamento autonomo. Posto auto interno di proprietà

Immersa nel verde, villa prestigiosa su due livelli, 140 mq, con camino,

aria condizionata e riscaldamento autonomo.

Finemente arredata. Posto auto interno di proprietà

Intermediazione Immobiliare

Tel 06 74281134

9 Scegliete l'annuncio giusto per questa persona e dite perché.

Sono qui per lavoro. Cerco un appartamento per me e mia moglie, non troppo caro. Non abbiamo bisogno di un appartamento molto grande ma deve essere già arredato e in una zona servita perché non abbiamo la macchina.

Metropolitana
soggiorno, cucina, due
camere, bagno e balcone.
Arredato, libero subito.
Euro 1.000,00 spese
escluse.
Agenzia ED
Tel. 348 4007566

1

Adiacenze centro storico
In stabile signorile di rappresentanza affittasi appartamenti silenziosi non arredati, bilocali e trilocali con doppi servizi. Prezzi a partire da euro 1.200,00
Immobiliare DOM
Tel. 335 6758992

2

Zona Stazione
Ampio monolocale con cucina abitabile, balcone e cantina, ristrutturato e finemente arredato.

Libero subito

Studio immobiliare Franchi
Tel. 329 7200341

3

10 Osservate la piantina e scrivete un annuncio per vendere o affittare l'appartamento.

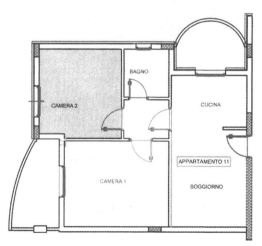

Unità 12

1 **Per ogni frase scrivete un verbo riflessivo all'infinito.**

1. suona la sveglia ....

2. scendo dal letto ....

3. vado in bagno ....

4. uso i cosmetici ....

5. metto camicia, pantaloni e scarpe ....

6. ho un momento di relax ....

7. comincio a dormire ....

2 **Trovate la "frase misteriosa" di Giovanni.**

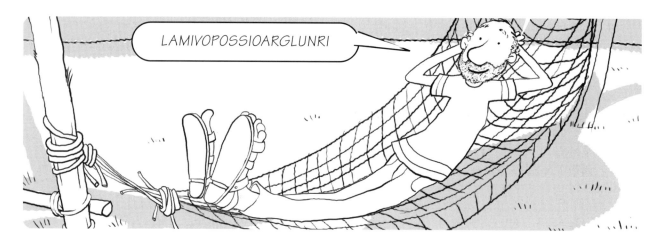

LAMIVOPOSSIOARGLUNRI

3 **Completate la storia della routine quotidiana di Sara con le parti mancanti.**

Tutte le mattine la sveglia suona alle 7:00, ma Sara è una dormigliona, perciò ....

prima delle 8 meno venti. Naturalmente, è già in ritardo: .... in tutta fretta.

Però è anche un po' vanitosa, quindi, anche se ha ormai poco tempo, ... Alla

fine è bellissima, ma deve correre alla fermata dell'autobus senza fare colazione!

4 **Completate con *volere, potere, dovere* e i verbi riflessivi dati.**

1. **A:** Vieni con noi a bere qualcosa?

   B: No, grazie, domani vado a sciare e .... prestissimo. (*alzarsi*)

2. **A:** Marta non lavora?

   B: No, dice che .... a tempo pieno dei figli. (*occuparsi*)

3. **A:** .... a cena?   (*fermarsi*)

    B: No, grazie, mi aspettano a casa.

4. **A:** .... qui un momento mentre aspettate?   (*sedersi*)

    B: No, grazie, stiamo in piedi.

5. **A:** Non ho un vestito decente per la festa di Capodanno!

    B: Guarda, se vuoi, ... il mio rosso.   (*mettersi*)

6. **A:** Allora, ragazze, siete pronte?

    B: No, ... ancora.   (*truccarsi*)

█5 **Trasformate le frasi usando gli aggettivi possessivi.**

1. La borsa di Maria   ....
2. Le scarpe di Luca   ....
3. La giornata di me e Sandra   ....
4. I bambini di te e Stefano   ....
5. Il cellulare di Marco   ....
6. Gli occhiali di Piero   ....

█6 **Completate i dialoghi con gli aggettivi possessivi giusti.**

1. **A:** Fabio, com'è .... giornata?

    B: Molto pesante. Comincio alle 8:00 e non finisco mai prima delle 9:00.

2. **A:** Hai visto .... portafoglio?

    B: Guarda, è lì sul tavolo.

3. **A:** .... bambini sono molto educati.

    B: Davvero? .... , invece, sono delle pesti!

4. **A:** Qual è .... macchina?

    B: Quella parcheggiata di fronte al bar.

5. **A:** Chi sono queste persone della foto?

    B: Sono .... colleghi dell'ufficio.

6. **A:** Che cos'è questo strano rumore?

    B: Scusate, è .... telefonino, lo spengo subito.

    A: Vi ripeto per l'ultima volta che tutti devono spegnere .... cellulari durante le lezioni.

█7 **Trovate la domanda giusta con "di chi è", "di chi sono".**

1. **A:** .... ?

    B: Mia.

2. **A:** .... ?

   B: Loro.

3. **A:** .... ?

   B: Suoi.

4. **A:** .... ?

   B: Nostre.

5. **A:** .... ?

   B: Miei.

6. **A:** .... ?

   B: Suo.

8 Leggete il profilo della persona e consigliate un cambiamento nella sua giornata tipo. Usate *dovere*, *potere* con i verbi riflessivi.

> Lavoro in una grande azienda internazionale, faccio una vita stressante. Non mi alzo molto presto, però lavoro tutti i giorni almeno fino alle 22:00, per non parlare dei viaggi: prendo l'aereo quasi tutte le settimane, e viaggio spesso anche in macchina. Ceno quasi sempre fuori, e non ho orari fissi. Se sono a casa la sera, mi addormento davanti al televisore! Non faccio sport da anni, ho il cellulare acceso anche in vacanza… Il medico dice che devo rilassarmi di più…

Unità 13

1 "Chi è?". Trovate la parola della famiglia corrispondente alla definizione.

1. Il fratello di mia madre   ....

2. La figlia di mio padre   ....

3. La figlia di mio zio   ....

4. I figli di mia figlia   ....

5. Mio padre e mia madre   ....

6. Il padre e la madre di mio padre   ....

Con le lettere delle parole trovate, formate un'altra parola della famiglia.

....

▌2 Completate con la parola della famiglia appropriata.

1. i miei _____
2. le sue _____
3. vostro _____
4. mia _____

5. i loro _____
6. tuo _____
7. nostra _____
8. i tuoi _____

▌3 Articolo o no? Completate con i possessivi e gli articoli se necessario.

1. **A:** Guarda, queste sono le foto del matrimonio
   di _____ fratello.
   B: Chi sono questi?
   A: _____ cugini di Bari.
   B: Ah… e questo qui?
   A: Non lo riconosci? È _____ padre!

2. **A:** Che fate a Natale?
   B: Al solito, un pranzo con tutti
   _____ parenti.

3. **A:** Carlo abita in quella villa?!
   B: Eh, sì, _____ genitori sono ricchi.

4. **A:** Buongiorno, signora Fabbri!

   B: Ah, buongiorno!
   A: Questo è _____ nipote Riccardo.
   B: Che bel bambino! Quanti anni hai?
   C: Sei.

5. **A:** Alberto e Silvia vengono?
   B: No, perché _____ figlia sta male.
   A: Ah, mi dispiace.

6. **A:** Dottor Biagi, le presento _____
   moglie.
   B: Molto lieto. _____ marito mi ha
   parlato molto di lei.
   C: Davvero?

▌4 Trovate almeno 5 verbi, regolari e irregolari, per ognuno degli ausiliari.

Passato prossimo con *essere*
1. _____
2. _____
3. _____
4. _____
5. _____

Passato prossimo con *avere*
_____
_____
_____
_____
_____

▌5 Collegate le due liste per formare una frase.

1. È
2. Con chi
3. Avete mai
4. Anche loro
5. Quando
6. Che cosa
7. Quanto si
8. Dove vi

a. hai conosciuto tua moglie?
b. sono venuti?
c. hanno detto?
d. siete incontrati?
e. fatto una crociera?
f. sei andata al cinema?
g. successo qualcosa?
h. sono fermati a Torino?

■6 Trovate la domanda.

A: .... ?

B: In Canada.

A: .... ?

B: Vicino ad Edmonton.

A: .... ?

B: I parchi nazionali e le montagne.

A: .... ?

B: Molto.

A: .... ?

B: No.

■7 Completate la storia con i verbi dati al passato.

• andare • essere • avere • spendere • fare (2 volte) • sentirsi • dire • rientrare
• mangiare • prendere • divertirsi • portare • comprare

A: Che cosa .... questo fine settimana?

B: Mah, niente di speciale, ... i regali di Natale per la mia famiglia e qualche amico.

A: Ah, brava! Io non .... ancora niente a nessuno!

B: Sì, ma .... un sacco di soldi...

A: Va bè, almeno una volta all'anno...

B: E voi che .... ?

A: .... tutti e tre a sciare, per Gaia .... la prima volta.

B: Davvero? Non .... paura? È così piccola, ancora...

A: Ma no, figurati, ... un sacco! Solo che poi Luca .... male e l' .... al pronto soccorso...

B: Oddio, niente di grave, spero...

A: No, ... che forse .... qualcosa di strano, comunque .... subito in città per precauzione.

■8 Prima e dopo. Osservate le figure e scrivete che cosa è successo.

9 **Leggete l'articolo e rispondete alle domande.**

1. Come è cambiato il rapporto affettivo fra gli italiani e la mamma?

....

2. Come spiegano il fenomeno gli esperti?

....

3. Perché gli italiani sono immaturi?

....

Italiani mammoni? No, immaturi
Gli affetti vissuti come "obbligo"

Crolla il mito dell'italiano mammone. Sette connazionali su 10 vivono gli affetti quotidiani come un obbligo e talvolta come una finzione continua; ed uno su tre lo ammette proprio riferendosi al rapporto con la mamma. È quanto emerge una ricerca della rivista Riza Psicosomatica, che ha indagato i rapporti affettivi di oltre 1000 italiani, donne e uomini tra i 20 e i 55 anni.

ETERNI ADOLESCENTI Secondo la ricerca gli italiani tardano a creare rapporti affettivi "maturi". (ANSA)

Vivere i legami come una prigione è una "malattia" che colpisce il 72 per cento degli italiani, rivela l'indagine che segnala un duplice aspetto di questa "patologia". Da un lato c'è la difficoltà ad essere se stessi con le persone che ci stanno vicino (un italiano su due confessa di non esserne capace); e dall'altro c'è la presenza di legami che spesso vengono giudicati invasivi e pesanti: i genitori innanzitutto (34%), il partner (25%) i parenti (18%).
"Quello che sta cambiando -spiegano gli esperti di Riza- non è tanto la voglia e la capacità di dare affetto, quanto piuttosto il modo di reagire all'affetto altrui. Sempre più spesso infatti la sensazione prevalente all'interno di alcuni legami affettivi è quella di sentirsi obbligati". Un fenomeno che potrebbe essere legato al dilatarsi dell'adolescenza. "Non a caso - scrive la rivista in edicola in questi giorni - sarebbero proprio i 30-40enni a vivere in modo più problematico i rapporti affettivi". A pesare è soprattutto l'obbligo di essere disponibili in qualsiasi momento (29%), le telefonate giornaliere a mamme e fidanzate (24%), la necessità di ricordarsi sempre di ricorrenze, anniversari e compleanni (17%), le cene a cui non ci si può sottrarre (14%). Tra gli atteggiamenti materni giudicati più insopportabili ci sono il giudizio sempre negativo sulla fidanzata o sulla moglie (26%), le critiche severe che non fanno mai sentire all'altezza della situazione (23%), il confronto continuo con quelli che ce l'hanno fatta (19%), le critiche al modo di vestirsi o di pettinarsi (15%). Atteggiamenti non certo maturi. (ANSA)

Soluzioni dell'eserciziario

UNITÀ 1

1 Formate nuove parole con le serie di lettere date.

1. come, dove, sei, di, ciao, ma, così, va, medico; 2. russo, russa, sono; 3. bene, scusa; 4. sta, stai, fa, fai, cosa, che, così

2 Completate le parole con le lettere mancanti.

1. tedesco; 2. Inghilterra; 3. ingegnere; 4. casalinga; 5. egiziano; 6. buongiorno; 7. avvocato; 8. spagnolo; 9. Giappone; 10. segretaria

3 Mettete in ordine le frasi.

1. Sono di Roma (Milano) ma abito a Milano (Roma).
2. Lei è italiano? No, non sono italiano, sono turco.
3. Come, scusi? Non ho capito.
4. Buonasera, signor Bianchi, come sta? Non c'è male, e Lei?
5. Io sono consulente, e tu che cosa fai?

4 Guardate la foto e trovate la risposta alle domande. Usate: "Sono di", "Sono", "Mi chiamo", "Abito a".

(*risposte suggerite*)

1. Bene, grazie, e tu? 2. No, sono americana, di Miami. 3. Mi chiamo Lisa Bonnet. 4. Abito a Miami. 5. Sono casalinga, e tu?

5 Completate con la nazionalità. Fate attenzione al maschile e al femminile.

1. australiana; 2. francese; 3. brasiliana; 4. turco; 5. russa; 6. cinese; 7. tedesco; 8. sudafricano

6 Completate con la domanda.

(*risposte suggerite*)

1. Di dov'è? 2. Sei italiana? 3. Dove abita? 4. Che cosa fai? 5. Come, scusi? 6. Come sta? 7. Che cosa fa? 8. Lei è casalinga?

7 Inserite le seguenti espressioni nei dialoghi (anche più di 1 volta).

1. e; 2. a, d; 3. e, c; 4. b

8 Trasformate da "tu" a "Lei" e viceversa.

1. Buongiorno, signora, come sta? Bene, grazie, e Lei? Bene, bene. Arrivederci. Sì, a presto.
2. Sono Laura. Come, scusa? Laura. Ah, va bene, grazie. Ciao.

3. Lei è di Vienna? No, sono di Zurigo. E Lei? Io sono di Vienna, ma abito a Copenhagen.
4. Che cosa fai a Milano? Sono consulente finanziario. Ah, interessante! E dove abiti? Abito a Como.

UNITÀ 2

1 Trovate la parola nascosta.

1. coniuge; 2. indirizzo; 3. signorina; 4. questura; 5. modulo; 6. cognome; 7. numero; 8. comune

2 Completate con "avere" o "essere".

1. ha, è, ha; 2. sei/è, sono; 3. è; 4. siete, siamo; 5. avete, ho, ha; 6. sono, sono

3 Completate con il singolare o il plurale della parola data. Attenzione al maschile a femminile.

1. sposate, nubili; 2. vedova; 3. italiani, russi; 4. figli, figlie; 5. coniugi, irlandesi; 6. documento

4 Scrivete in lettere i seguenti numeri.

1. quarantacinque; 2. diciannove; 3. sette; 4. sessantotto; 5. trentuno; 6. novantaquattro; 7. quattordici; 8. cento

5 Trovate la domanda.

(*risposte suggerite*)

1. È sposato? 2. Quanti anni hai? 3. Lei è il signor Guzzanti? 4. Il suo numero è il 334 564879? 5. Come si chiama tuo marito? 6. Ha figli?

7 Leggete la presentazione e correggete gli errori nel modulo.

cognome: Vitti
nome: Angelo
nome coniuge: (non è sposato),
data di nascita: 15/10/1977
comune di residenza: Roma,
è cittadino italiano: sì

8 Completate con la parola mancante.

1. celibe/separato/divorziato/vedovo; 2. indirizzo; 3. numero/telefono; 4. signorina; 5. questura; 6. nato

UNITÀ 3

1 Completate le parole con le lettere mancanti.

1. SCONTRINO; 2. BICCHIERE; 3. DECAFFEINATO; 4. FOCACCIA; 5. MINERALE; 6. ARANCIA; 7. SPREMUTA; 8. CAMERIERE; 9. BOTTIGLIA; 10. CACAO

2 Mettete la forma corretta dell'articolo "un" davanti ai seguenti nomi.

1. un; 2. un'; 3. una; 4. una; 5. una; 6. un; 7. uno; 8. un; 9. un'; 10. uno

3 Che differenze ci sono? Confrontate le due vignette e trovate le 7 differenze. Usate "c'è /ci sono".

Bar A
1. Una persona al banco beve spremuta d'arancia
2. Un tavolo ha tre sedie
3. Su un tavolo c'è il menù
4. Sul listino prezzi c'è la voce "gelato"
5. Nel bar ci sono due baristi
6. Nel bar c'è una cassa grande
7. Sul banco ci sono tre caffè

Bar B
1. Una persona al banco beve birra
2. Un tavolo ha due sedie
3. Su un tavolo non c'è il menù
4. Sul listino prezzi non c'è la voce "gelato"
5. Nel bar c'è un barista e una barista
6. Nel bar c'è una cassa piccola
7. Sul banco ci sono due caffè e un cappuccino

4 Correggete gli articoli indeterminativi sbagliati.

1. un aperitivo, uno strudel; 2. un succo di frutta; 3. un'insalata; 5. un'acqua minerale

5 Trovate la parola corrispondente alla definizione.

1. macchiato; 2. gassata/frizzante; 3. spremuta; 4. moneta; 5. scontrino; 6. naturale; 7. tramezzino; 8. corretto

6 Completate il dialogo al bar.

(*risposte suggerite*)
B: Sì, va bene.
C: Buonasera
B: Per me un caffè.
B: Macchiato, grazie.
A: Un panino con cotto e mozzarella.
A: Sì, grazie.
B: Ecco a Lei.

7 *Voglio* o *vorrei*? Inserite la forma giusta.

1. vorrei; 2. non voglio; 3. voglio; 4. vorrei; 5. non voglio

UNITÀ 4

1 Completate le parole con le lettere mancanti.

1. DETERSIVO; 2. CARTA IGIENICA; 3. SCAFFALE; 4. MORTADELLA; 5. CARRELLO; 6. ZUCCHERO; 7. BISCOTTI; 8. SPAGHETTI; 9. YOGURT; 10. LATTE

2 Mettete la forma corretta dell'articolo "un" davanti ai seguenti nomi.

1. un'; 2. un; 3. una; 4. un; 5. uno; 6. un'; 7. un; 8. uno

3 Mettete l'articolo determinativo giusto davanti ai nomi della lista dell'attività 2.

1. l'; 2. il; 3. la; 4. il; 5. lo; 6. l'; 7. il; 8. lo

4 Correggete gli articoli determinativi sbagliati.

1. lo yogurt; 2. il detersivo; 4. gli spaghetti; 5. lo zucchero

5 Trovate la parola corrispondente alla definizione.

1. etto; 2. paio; 3. coda; 4. pezzo; 5. fetta; 6. mezzo chilo; 7. pacco; 8. chilo

6 Articolo determinativo o indeterminativo? Completate il dialogo con la forma corretta

un, la, un, un, un, una, la, il, il, lo, la, i, il, un, le, l', lo, la, un, il, il

UNITÀ 5

1 Trovate le 12 parole nascoste nel riquadro.

S	T	D	H	U	G	L	E	P
E	F	E	P	A	B	N	C	A
G	E	S	I	P	O	D	L	R
N	R	T	E	I	S	N	S	C
A	M	R	Z	A	P	E	I	H
L	A	C	Z	E	A	N	E	E
E	T	N	F	Z	D	V	I	G
S	A	O	P	A	A	C	S	G
B	U	C	R	I	L	A	T	I
A	N	T	I	M	E	T	R	O
L	S	I	N	I	S	D	A	L
O	I	N	C	R	O	C	I	O

1. segnale; 2. incrocio; 3. parcheggio; 4. destra; 5. sinistra; 6. metro; 7. stazione; 8. fermata; 9. piazza; 10. banca; 11. ospedale; 12. strada

2 Osservate la cartina e rispondete alla domanda con 2 alternative.

1. Sì, però deve scendere alla fermata Centrale e poi deve prendere la linea 2 e fare due fermate.
2. Sì, deve andare fino a Duomo e poi deve cambiare e prendere la linea 1. Per Loreto sono cinque fermate.

■3 Leggete le istruzioni e osservate la cartina della Sardegna.

2. Stazzareddu

UNITÀ 6

■1 Formate 4 parole con i seguenti frammenti.

1. COLAZIONE; 2. SINGOLA; 3. NOTTE ; 4. PISCINA

■2 Completate con andare e venire.

1. vai, vado; 2. venire; 3. andate; 4. andiamo, venite; 5. vengono

■3 Trovate gli errori nell'uso di "quale" e "quanto".

1. quante; 2. quale; 6. quanto

■4 Completate la descrizione dell'albergo.

L'Hotel Sempione si trova in Piazza della Repubblica, **vicino alla** stazione centrale. Per arrivare all' Hotel dalla stazione, dovete andare avanti per circa 300 metri **fino al** primo semaforo, poi girate subito a sinistra e trovate l'Hotel in **fondo a** una piccola strada privata, **accanto a (di fronte a)** un garage riservato ai clienti dell'Hotel. L'Hotel Sempione ha un American bar, ma se volete mangiare, **di fronte all' (accanto all')** albergo c'è un tranquillo ristorante con cucina tipica a prezzi ragionevoli.

■5 Scegliete la parola giusta per completare le frasi.

1. disponibilità; 2. doppia; 3. matrimoniale; 4. viene; 5. colazione; 6. prenotare; 7. deve; 8. davanti; 9. ci vogliono.

■6 Leggete la scheda informativa dell'Hotel Arizona e completate la descrizione dell'albergo.

1. 50 metri; 2. 125; 3./4. aria condizionata/telefono/ asciugacapelli/ventilatore/cassaforte; 5. stabilimento; 6. sedie a sdraio; 7. pagamento; 8. ristorante; 9. colazione; 10. sale; 11. due; 12. parcheggio; 13. compreso; 14. sport; 15. divertimenti

UNITÀ 7

■1 Inserite nelle caselle vuote le coppie di lettere in basso per completare il minidialogo.

(Il menù, per favore. Subito)

■2 Abbinate la foto alla descrizione del piatto.

1. b; 2. d; 3. a ; 4. e; 5. c

■3 Completate il menù con a, di, con e gli articoli se necessario.

Insalata di mare, crostini con paté di olive, risotto alla pescatora, penne all'arrabbiata, tortellini con panna e prosciutto, fritto misto di pesce, filetto al pepe verde, pollo al limone, frutta di stagione, macedonia con gelato alla vaniglia, torta al cioccolato

■4 Inserite i pronomi diretti lo, la, li, le.

1. la; 2. li; 3. lo; 4. le, le, le; 5. lo

■5 Completate il dialogo.

(*risposte suggerite*)
B: Per me un espresso.
C: Per me no, grazie.
C: Tu prendi l'amaro?
C: Io lo provo.
C: Ci porta il conto, per favore?

■6 Inserite nelle frasi il pronome giusto con il verbo piacere.

1. mi piacciono; 2. ti piace, mi piace; 3. le piacciono; 4. mi piace, ti piace; 5. vi piacciono, ci piacciono

■7 Riscrivere le frasi con i pronomi al posto dei nomi ripetuti.

1. No, grazie, non posso prenderlo/non lo posso prendere. 2. Certo, eccola. 3. No, oggi non la voglio, preferisco un risotto. 4. Vuoi finirlo tu/Lo vuoi finire tu? Beh, se tu proprio non lo vuoi, grazie. 5. No, grazie, non lo beviamo mai. 6. Mi dispiace, signora, oggi non le abbiamo.

UNITÀ 8

■1 Trovate nel riquadro i negozi per i seguenti prodotti.

T	T	I	A	A	D	L	R
E	E	D	R	R	N	S	C
L	L	Z	R	R	E	I	S
A	E	P	E	E	A	N	A
T	F	R	D	D	V	I	P
A	O	O	A	A	C	S	I
U	N	F	E	M	A	T	C
L	I	B	R	E	R	I	A
S	A	C	I	N	D	A	L
I	U	O	T	T	I	C	A
C	G	U	R	I	O	E	C

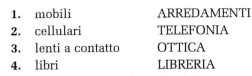
1. mobili   ARREDAMENTI
2. cellulari   TELEFONIA
3. lenti a contatto   OTTICA
4. libri   LIBRERIA

2 Collegate a ogni prodotto almeno due parole della lista.

(occhiali) modello, colore
(televisore) modello, finanziamento
(macchina) modello, finanziamento, colore
(scarpe) numero, colore, modello

3 Scrivete in cifre i seguenti numeri.

1. Milleduecentocinquanta; **2.** cinquemila; **3.** duemilatrecentosettanta; **4.** seicentonovantanove; **5.** ottocentoventuno; **6.** settemilacinquecento

4 Inserite nelle frasi *mi/ti...* o *a me/a te...* e la negazione del verbo *piacere* se necessario.

1. non mi
2. a me; a te; mi
3. mi
4. non vi; ti; a me non
5. Ti; A me; mi
6. A noi; a noi non

6 "Questo" o "quello?". Completate con gli aggettivi o pronomi giusti.

B: quegli
A: quelli, questi
A: quelli
B: questi (quelli)
B: quest'
B: questi
C: questi
C: questo
A: quelle
B: quelle
C: questa, questo

UNITÀ 9

1 Ricostruite i 10 verbi nei frammenti.

leggere, giocare, cucinare, ballare, ascoltare, vedere, nuotare, correre, guardare, preferire

2 Scegliete *a* o *b* per spiegare il significato delle seguenti parole.

1. a; **2.** b; **3.** b; **4.** a; **5.** a

3 Completate con gli avverbi di frequenza.

(risposte suggerite)
1. spesso; **2.** sempre; **3.** raramente; **4.** spesso, qualche volta; **5.** spesso, mai; **6.** mai, di solito; **7.** sempre; **8.** di solito

4 *In, a, al*? Mettete la preposizione giusta davanti al nome. Aggiungete l'articolo se necessario.

1. al; **2.** in; **3.** in; **4.** al; **5.** in; **6.** al; **7.** a; **8.** al; **9.** all'; **10.** in

5 *Martedì* o *il martedì*? Completate con il giorno della settimana e l'articolo se necessario.

1. il martedì; **2.** martedì; **3.** martedì e giovedì, venerdì, il venerdì; **4.** il sabato, la domenica; **5.** lunedì, giovedì

6 Collegate le frasi delle due liste.

1. e; **2.** f; **3.** h; **4.** g; **5.** b; **6.** a; **7.** c; **8.** d

7 Completate con i verbi dati al presente.

vieni, vado, preferisco, fai, faccio, esco, vado, organizzano, andiamo, penso, sta

8 Trovate la domanda.

(risposte suggerite)
1. Quando hai il corso d'inglese?
2. Vai mai in discoteca?
3. Fai spesso sport?
4. Di solito andate al cinema?
5. Andate qualche volta in piscina?
6. Che cosa fanno il sabato e la domenica?

9 Leggete il racconto di Alex e correggete gli errori del giornalista.

Racconto del Giornalista
Alex è consulente finanziario. Lavora molto, ma esce spesso la sera. Lo sport gli piace molto, soprattutto la pesca subacquea e il calcio. La ragazza di Alex ama fare shopping, ma lui non la accompagna mai perché va sempre a vedere la partita la domenica. Le prossime vacanze le passano insieme al mare, fanno il giro delle isole greche.

UNITÀ 10

1 Inserite nelle caselle vuote le lettere per completare il minidialogo.

A: VUOLE UNIRSI A NOI?
B: CHE GENTILE, VOLENTIERI!

2 Che cosa risponde Marina a Giorgio? Cercate le 7 parole nel riquadro e formate la frase. Le parole sono in orizzontale, verticale e diagonale.

S	T	D	H	U	G	U	E	P
I	Q	E	P	H	B	N	C	B
M	E	S	I	P	O	D	L	R
P	R	T	G	I	A	N	O	C
E	H	R	F	A	P	T	I	S
G	A	I	C	Z	A	A	N	E
N	L	N	F	B	D	V	I	M
O	A	O	A	U	A	C	I	G
M	P	S	R	I	L	M	T	I
L	S	Z	N	I	S	D	A	L
O	I	G	R	A	Z	I	E	O

(Grazie, ma ho già un impegno)

4 Completate l'invito con le parole mancanti.

La S.V. è invitata alla festa di laurea del Dott. Mario Melandri il giorno 25 maggio alle 20:30 al "Gattopardo" – Padova. È gradita la conferma

5 Rifiutate i seguenti inviti.

(*risposte suggerite*)
1. No, grazie, devo tornare a casa.
2. Mi dispiace, sabato devo andare fuori città.
3. Purtroppo devo finire un lavoro urgente.
4. Grazie dell'invito, ma dobbiamo studiare.
5. Purtroppo non possiamo, dobbiamo partire.
6. Grazie, ma ho già un impegno.

6 Scrivete un commento per le seguenti situazioni. Usate "che" + aggettivo o nome.

(*risposte suggerite*)
1. Che fortuna; 2. Che sfortuna; 3. Che guaio; 4. Che bello; 5. Che gentile; 6. Che carina

7 Completate la telefonata.

(*risposte suggerite*)
A: Studio del dottor Bertelli.
B: *Buonasera, sono Manzi. Chiamo per l'appuntamento con il dottore.*
A: Ah, sì, buonasera. Purtroppo questa settimana non è in ufficio.
B: *Ah, capisco. Possiamo fare martedì prossimo, allora?*

A: Guardi, martedì prossimo sarà impegnato fino alle 18:00.
B: *E dopo le 19:00?*
A: Sì, dopo le 19:00 è possibile.
B: *Va bene, allora vorrei fissare per martedì alle 19:30.*
A: Sì, la faccio chiamare per la conferma.
B: *Grazie, arrivederci.*

8 "È" o "sarà"?. Completare con la forma appropriata.

1. sarà; 2. è; 3. sarà; 4. è; 5. è; 6. sarà

10 Leggete gli appunti della segretaria per l'avvocato e immaginate la telefonata con il Dottor Berardi.

(*risposte suggerite*)
A: Studio dell'avvocato Mariani.
B: Buonasera, sono Berardi. Vorrei parlare con l'avvocato.
A: Purtroppo l'avvocato non è in ufficio.
B: Ah, capisco. Quando posso trovarlo?
A: Guardi, sarà fuori città fino a martedì. Vuole lasciare un messaggio?
B: Sì, grazie. Vorrei spostare l'appuntamento con l'avvocato al giorno 24, dopo le 18:00, se è possibile.
A: Benissimo. La faccio richiamare per la conferma.
B: Grazie, arrivederci.

UNITÀ 11

1 Completate le seguenti parole con le iniziali. Alla fine prendete due lettere da ogni parola e formate un'altra parola.

1. PRIMO; 2. SOGGIORNO; 3. ANGOLO; 4. CAMERA; 5. STABILE

MONOLOCALE

2 Trovate la parola corrispondente alla definizione.

1. posto auto, box
2. locale
3. servizi
4. ampio, spazioso
5. arredato
6. servito
7. spese
8. affitto

3 Scrivete in lettere i numeri ordinali.

ottavo, quindicesimo, trentaduesimo, ventesimo, sessantaquattresimo, centesimo

4 Scrivete una sola frase usando "più/ meno... di".

(*risposte suggerite*)

1. Il bilocale è più caro del monolocale.
2. Il bilocale è meno servito del monolocale.
3. L'attico è più grande della mansarda.
4. La villa è meno rumorosa dell'appartamento.
5. Questo stabile è meno nuovo di quello.
6. Questo appartamento è più pratico di quello.

7 Completate la telefonata.

(*risposte suggerite*)

A: Agenzia immobiliare, buongiorno.
B: *Chiamo per l'annuncio di un bilocale in zona stazione.*
A: Sì, certo, mi dica.
B: *È arredato?*
A: No.
B: *Quanto viene al mese?*
A: 650 euro.
B: *Spese comprese?*
A: Sì. Vuole fissare un appuntamento?
B: *Mah, non so... La posso richiamare?*
A: Certo.
B: *La ringrazio.*
A: Prego, arrivederci.

8 Osservate la foto e correggete gli errori nell'annuncio.

Attico prestigioso, 140 mq, con camino, aria condizionata e riscaldamento autonomo.
Ristrutturato, vuoto. Posto auto interno di proprietà
Intermediazione Immobiliare
Tel 06 74281134

9 Scegliete l'annuncio giusto per questa persona e dite perché.

(*risposte suggerite*)
Annuncio n. 3
Le consiglio questo annuncio perché un ampio monolocale in zona stazione è pratico e meno costoso per una giovane coppia del bilocale vicino alla metropolitana.

10 Osservate la piantina e scrivete un annuncio per vendere o affittare l'appartamento.

(*risposte suggerite*)
Vendesi adiacenze metropolitana grazioso trilocale vuoto con cucina a vista, due ampie camere, bagno e balcone. Completamente ristrutturato e termo-autonomo. Possibilità box. Per informazioni tel. 334 5645210

UNITÀ 12

1 Per ogni frase scrivete un verbo riflessivo all'infinito.

1. svegliarsi; 2. alzarsi; 3. lavarsi; 4. truccarsi; 5. vestirsi; 6. riposarsi; 7. addormentarsi

2 Trovate la "frase misteriosa" di Giovanni.

VOGLIO RILASSARMI UN PO'

3 Completate la storia della routine quotidiana di Sara con le parti mancanti.

(*risposte suggerite*)

non si alza; si lava, si veste e si pettina; si trucca sempre

4 Completate con *volere*, *potere*, *dovere* e i verbi riflessivi dati.

1. mi devo alzare/ devo alzarmi; 2. vuole occuparsi/ si vuole occupare; 3. vuoi fermarti/ ti vuoi fermare; 4. volete sedervi/ vi volete sedere; 5. puoi metterti/ ti puoi mettere; 6. dobbiamo truccarci/ ci dobbiamo truccare

5 Trasformate le frasi usando gli aggettivi possessivi.

1. la sua borsa; 2. le sue scarpe; 3. la nostra giornata; 4. i vostri bambini; 5. il suo cellulare; 6. i suoi occhiali

6 Completate i dialoghi con gli aggettivi possessivi giusti.

1. la tua; 2. il mio; 3. i nostri, i nostri; 4. la tua; 5. i nostri; 6. il mio, i vostri

7 Trovate la domanda giusta con "di chi è", "di chi sono".

(*risposte suggerite*)

1. Di chi è questa valigia? 2. Di chi è questa macchina? 3. Di chi sono questi occhiali? 4. Di chi sono queste fotocopie? 5. Di chi sono questi guanti? 6. Di chi è questo cellulare?

8 Leggete il profilo della persona e consigliate un cambiamento nella sua giornata tipo. Usate *dovere*, *potere* con i verbi riflessivi.

(*risposte suggerite*)
Questo manager deve rilassarsi di più. Deve dormire di più e alzarsi prima la mattina, ma non deve ritornare a casa così tardi. Anche se deve viaggiare molto per lavoro, deve riposarsi e pensare alla sua salute. Quando va a cena fuori per lavoro può ordinare qualcosa di leggero; quando va in vacanza, se vuole rilassarsi deve spegnere il cellulare. E la sera, invece di addormentarsi davanti alla televisione, può uscire con gli amici o fare jogging.

UNITÀ 13

■1 "Chi è?". Trovate la parola della famiglia corrispondente alla definizione.

1. zio; 2. sorella; 3. cugina; 4. nipoti; 5. genitori; 6. nonni

Con le lettere delle parole trovate, formate un'altra parola della famiglia.

PARENTI

■2 Completate con la parola della famiglia appropriata.

(*risposte suggerite*)
1. i miei cugini; 2. le sue zie; 3. vostro nonno; 4. mia madre; 5. i loro parenti; 6. tuo marito; 7. nostra nonna; 8. i tuoi nipoti

■3 Articolo o no? Completate con i possessivi e gli articoli se necessario.

1. mio, i nostri, mio; 2. i nostri; 3. i suoi; 4. mio; 5. la loro; 6. mia, suo

■4 Trovate almeno 5 verbi, regolari e irregolari, per ognuno degli ausiliari.

(*risposte suggerite*)
Passato prossimo con *essere*: 1. essere; **2.** andare; **3.** venire; **4.** succedere; **5.** rimanere
Passato prossimo con *avere*: 1. prendere; **2.** avere; **3.** vedere; **4.** viaggiare; **5.** chiedere

■5 Collegate le due liste per formare una frase.

1. g; **2.** f; **3.** e; **4.** b; **5.** a; **6.** c; **7.** h; **8.** d

■6 Trovate la domanda.

(*risposte suggerite*)
Dove siete andati in vacanza? Dove siete stati? Che cosa avete visto? Vi siete divertiti? Avete pagato molto?

■7 Completate la storia con i verbi dati al passato.

Hai fatto, ho comprato, ho preso, ho speso, avete fatto, siamo andati, è stata, ha avuto, si è divertita, si è sentito, abbiamo portato, hanno detto, ha mangiato, siamo rientrati

■8 Prima e dopo. Osservate le figure e scrivete che cosa è successo.

(*risposte suggerite*)
I ladri sono entrati in casa, hanno messo tutto in disordine, hanno rotto vasi e lampade, hanno tagliato i cuscini del divano, hanno trovato la cassaforte sul muro

■9 Leggete l'articolo e rispondete alle domande.

(*risposte suggerite*)
1. Gli italiani si sentono obbligati a dimostrare affetto alla mamma con le telefonate e le cene.
2. Gli esperti dicono che gli italiani sono immaturi perché la fase dell'adolescenza è diventata più lunga.
3. Gli italiani non sopportano le critiche della mamma.